知的生きかた文庫

身軽に生きるコツ

矢作直樹

三笠書房

はじめに――余計なものを持たなければ、心がラクになる

もう十分持っているのに、なぜもっと欲しいと考えるのか？

この疑問について、ずっと考えてきました。

私自身は「持ちたい」という欲求に対して自己評価をすれば、特定の物を除き平均よりずっと下じゃないかなと思います。衣服はあるもので十分だし、自動車を所有していませんがとくに困りません。

ただ本はそこそこの数を持っています。

それでも東大の任期満了退官（二〇一六年三月）前後、結構な数の本を捨て、または医局の図書室に置いてきましたので所蔵数はピーク時と比べると減りました。

人はなぜ、持ちたがるのか？

これはたぶん本能でしょう。

人のスタートラインは裸でしたから、防御や羞恥という理由で何か隠すものが必

要でした。狩猟や漁業において、いつも食べ物が確保できるわけではありませんので、獲ったものを貯蔵する必要もありました。

また、さまざまな理由で土地から土地へと移動していたため、乗り物や食べ物としての動物（家畜）を飼育する必要がありました。

大昔の話ですが、これらはすべて本能から生み出されたものです。

その時代ごとに形成されるコミュニティ（社会）内での結びつき、そしてそこで生まれた「公共性」が広まるのと比例して、持ちたいという感情は次第に「持たなければならない」という強い欲求へと変化した気がします。

人は成長すると理性が発達しますが、中でも抑制系が発達します。

つまり「あれが欲しい、これをしたい」という欲求を、TPO（時、所、場合）に応じて抑制する自律システムの発達です。

幼い子どもや動物は、この抑制系が未発達の状態です。子どもは何でも遠慮なく欲しがるし、自由自在に動き回ろうとしますが、人の場合は社会の中で成長するにつれて次第に抑制が利くようになります。

子どもの頃の「欲しい、欲しくない」という欲求の度合いは、次の三つの要素によって、そのアウトラインが決定されます。

① 資質（持って生まれた性格）

② 条件（家庭環境のレベル）

③ 位置（生まれた順番）

家庭環境が後年に与える影響は強いものです。

何不自由のない裕福な家庭で生まれ育った人が成長して全く物を持ちたいと思わなくなるケースもあれば、貧乏で何も叶えられない家庭で生まれ育った人が成長して激しく物を持ちたがるケースまで、さまざまなパターンがあります（もちろんそのケースと逆のパターンも多数ありますが）。

皆さんも経験があるかもしれませんが、いわゆる「大人買い」と呼ばれる行動は幼少期に抑えられた欲求が噴出した本能的衝動の典型です。

持ちたくてたまらないという本能が、自己制御システムを超えてしまう瞬間です。

それでも成長するにつれて、大半の人が欲求をコントロールできるようになるものですが、持ちたい、所有したいという欲望自体は、程度の差こそあれ、全くのゼロになることはありません。

私自身、持ちたいという本能はしっかりあります。

しかしその欲望が、ときに自分自身を破滅に追い込むことがあるのです。人間関係のもつれや金銭トラブルに端を発する事件は、その最たるものでしょう。

逆に、持ちたいという本能が自分自身を豊かにすることもあります。

この二つを考える際のキーワードは「身軽になれるかどうか」。

本書では「身軽になるための力」をどう磨けばいいのか、そのあたりを考えてみたいと思います。最後までお付き合いいただければ幸いです。

矢作直樹

目次

はじめに——余計なものを持たなければ、心がラクになる……3

第1章 ゆたかなこころ

病院や医師はあくまでもお手伝い……14
「何もしない」ほうが良いこともある……16
トラブルはこだわりから生まれる……20
宇宙に比べたら、たいしたことない……23
他人を信頼しても、期待はしない……26
してくれなくても、それが当然……29
約束は、守ってもらえなかったら忘れる……31
親近感と嫌悪感は近しいもの……34
余計な私心をなくすと、自由になる……38

「これは仕事」と強くわりきる……41
無心になると、思いがけない力が出る……43
「相対感」を使いこなす……46
本音を受けとめてくれる人とご縁を作る……49
自分が気持ちいい境界線を見つける……52
何かを手放すと、新しく手に入る……56
「独居」を楽しむ……59
死を受け入れる「五段階」がある……61
私たちは誰かの人生の脇役ではない……65
動じなくなると、身軽になる……69
過去や未来ではなく「今こそ真実」……72
思っていることが将来の自分を作る……75
「歩きスマホ」は今を大切にしなくなる……78
喜びを体験することこそ、人生の醍醐味……81

自分の人生もどこで終わるかわからない……83
「どっちでもいい」と思うことも大切……85
相手の成熟度によって言葉を選ぶ……88

第2章 すこやかなからだ

そもそも健康とは何か？……92
食事は「楽しむ」「感謝する」「作法を守る」……96
ストレスが増えると脳が過食を指示する……99
食べたくなくなったら、食べなくていい……102
食べた物でしか、からだは構成されない……104
低糖化を目指す……107
ボロボロの血管を元に戻すのは難しい……110
地産地消を心がける……112

国産の良い物を少しずつ食べる……117
一日三食も、絶対ではない……120
今日の食事が未来をつくる……123
儲かればいいというメディアの裏側を知る……125
「自分は心地良いか?」と質問する……128
安かろう、悪かろうに走らない……131
「そう思う」ことで身体機能は変化する……133
祈る、手を当てることでエネルギーが伝わる……136
運動はやりたいときにやればいい……139
自分が何となく気持ちいい場所へ行く……142
美しい日本の四季を感じ取る……145
究極の健康法、健康を気にしない……148
感謝のエネルギーは想像を超えて作用する……150

第3章 しぜんなくらし

ほどよい右肩上がりへ……154
良質な物は大量生産されない……158
数字の呪縛が消えると審美眼が生まれる……161
まずはシンプリストを目指す……164
全部生かす精神、本物を知る精神……167
食べる量、使う量、買う量を減らす……170
循環の思想を持つ……172
誰かの思想で自分を縛らない……174
お金も家も、使うから意味がある……176
家の始末には「家族観」も関係する……179
無理しないとやって来る、それがご縁……181

知ることで「学び」が生まれる……184
常識とはその時代の「思い込み」……187
疲れる、面倒くさいと言う人は老化も早い……190
道路は誰もが安心して使えるレベルではない……192
経済効率ばかり重視すると奇妙なことになる……194
歩くだけでホルモンバランスが良くなる……197
寿命も余命も、気にしない……199
日々の「予防」から始める……201

おわりに——私たちは生かされている存在……203

構成　せちひろし事務所
本文ＤＴＰ　フォレスト

第1章

ゆたかなこころ

病院や医師はあくまでもお手伝い

最初に少しだけ、自分自身を振り返らせてください。

東京大学（以下東大）および附属病院での勤務をやめ、約七年が経ちました。この七年は私にとって、久しぶりに開放感を味わえる貴重な時間でした。

救急部・集中治療部で過ごした時間があまりにも多忙だったことで、自分が本当にやりたいと思っていること、こんなふうに生きたいと目指していたことを、つい忘れてしまうようなところもありました。

その思い、生きる軸を、この七年で取り戻せたような気がします。

病院の勤務時代、私は医療現場の矛盾について、いつも考えさせられていました。

急性期、つまり急に発生するような身体の変化については、救急医療では手順が決まっていますのでその通りに対処していきます。しかし慢性期、つまり生活習慣病のようなゆっくりと変化するような状態にどう対処するかについては、本当は薬剤や外科手術などで処置することが医療の本質ではありません。

生活習慣病の治療で最も大切なのは「生活そのものの改善」だからです。

食生活の抜本的な改善が必要となるわけですが、喫煙者がタバコをやめず、肥満の人が大食いをやめない、つまり自分では努力しない人からの「とにかく薬を出して」「早めに手術してくれ」という申し出が後を絶たない状況では、多くの医師がやる気をなくします。根本改善されるわけがないからです。

まずは日常生活を抜本的に改善し、自己免疫力を上げること。

これが、基本です。病院や医療者はそのためのお手伝いをする機関であり、専門家にすぎません。**治療の主役は病院や医療者ではなく、患者自身です。**

もし今、何かの病で悩んでおられるのなら、まず「自分がどういう状況なら変わった（好転した）と感じられるのか、身軽になれるのか？」を考えてください。

そのために、病院や医療者を利用してください。

「何もしない」ほうが良いこともある

大学病院は規模が大きく先進的な組織ですが、実は「功罪」があります。

功績という面では、各方面の専門医とその専門科が一つの組織体としてそろっている利便性でしょうか。治療を受ける際に複数の側面からのメディカルチェックが可能であり、医療スタッフ、医療機器、過去の治療データも豊富です。

加えて私が長年携わった救急部門での集中治療システムにおいても、そうした要素を踏まえて高いレベルでの受け入れ態勢が整っています。


罪過という面では、大きく三つあります。

第一に、どうしても数の論理（多数決主義）が先行する点。

例えば心臓外科手術について、ある医師が何らかのエビデンス（証拠）に基づき反対意見を検討会で表明したとしても、他の医師らが賛成すればそこで終わり。組織ですから一個人の信条を超えた部分でのスタンダード（標準）が存在します。

国民病とも称されるがんの治療においても同じです。

この場合、むしろ病院という枠組みを飛び越えた業界スタンダードなるものが存在しますので、診断が出た段階で治療方針（抗がん剤、外科手術、放射線）がほぼ決定します。

それ以外の方針は、と考える「発想の自由度」は確実に狭まっています。

誤解を恐れずに言わせていただくと、**肉体の自立状況を考えると、むしろ何もしないほうがいい人も、世の中には大勢いるのです。**

先ほど免疫力の話をしましたが、がんが進んだステージに入ったことで担当医から余命宣告されたにもかかわらず、その余命期限から数年、あるいは十数年も元気に生活されている方々もいます。

逆に外科手術をした、あるいは強い薬剤で短期決戦を試みたために免疫力が急速に低下し、合併症などで死に至る方もいます。

さまざまな事実を踏まえると、発想の自由度がいかに大切かを改めて感じます。

第二に、大学病院にはガバナンス（組織運営）のプロが不在である場合。言ってみれば「舵《かじ》取り役の不在」です。

お役所をイメージすると、何となくわかるのではないでしょうか。民間企業のように、何か強い目標を持って一致団結して走るとか、ある目的に沿って舵を切るというわけでもないし、トラブルが発生しないための危機管理システムも総じて希薄です。

第三に、大学病院がアカデミズムと同居したまま運営されている点。これは大学病院が「〜大学医学部附属病院」である事実が関係します。本来は医療現場が主役で学問はそれを支える要素技術という位置づけのはずですが、大学病院ではこれがひっくり返っています。医学部が病院の上に立つのです。医学部は勉学や研究に勤《いそ》しむ場所ですから、そもそもガバナンスは期待できません。学問の府ですからそれで良いのですが、その医学部傘下に病院が位置するとなると、病院のガバナンスまでもが利かなくなります。

これが問題なのです。

医学教育では、人が社会で生きていく中での医療という視点で学ぶことがなく、またガバナンスについて学ぶことも、学ぶ動機もありません。ですので、現実の大学病院という組織において、将来のあるべき医療やそのための組織のあり方を公平無私に実践するということが、難しいように感じました。

社会に流されず、将来的に社会をあるべき方向へ引っ張っていけることが大切です。

トラブルはこだわりから生まれる

大きな組織に所属してわかったこと。

それは、組織の利便性が高い一方、しがらみも強いという事実でした。

規模が大きくなると、さほど自由度が高くないというのが現実です。

明確なガバナンスでコントロールされていないにもかかわらず、不思議なくらいに暗黙の規制、つまり「院内不文律」が存在します。

もちろん大なり小なり、どんな組織にもしがらみはあります。

会社や団体などに所属されている（されていた）方はよくご存じでしょう。

複数の人が集まると、どうしても自分と他人の方向性（思想や目標）に差異が生まれます。

その差異が気にならないうちは何とかなりますが、気になり始めた途端、こだわり、つまり「執着心」が表に出ます。

人間関係のトラブルはすべてここから生まれるのです。

だから大切なのは、いかにこだわりに囚《とら》われないかということ。

できるだけ執着せず、こだわりの元（トラブルの原因であると思われる要素）を自分から「離す（放す）」ことで、自らに執着心を生み出さないことです。

そのこだわりは、ストレスの発生源でもあります。

米ウィスコンシン大学マディソン校の研究者による面白い調査結果があります。

それは「ストレスと死亡リスク」に関する調査と分析であり、約二万九〇〇〇人の成人動向を、実に八年間にわたって追跡調査した結果です。

すべて説明すると長くなるので簡潔に書きますが、この調査では「ストレスを感じた度合い」や「ストレスは健康の害になると思うか」といった質問に答えてもらい、その後、参加者の公式死亡記録をたどり、彼らの生死を確認しています。

その結果、死亡リスクの低い順位は以下のようになりました。

一位　ストレスを感じてはいるけれども、それは無害であると思う人たち
二位　ストレスをほとんど感じていない人たち
三位　ストレスの度合いが強いと感じている人たち

ストレスを強く感じると寿命が短くなることは理解できますが、ストレスを感じていても「どうってことはない」と思える人、つまり「ストレスと共生できる人」が、ストレスを感じていない人よりも長寿であるというのは興味深いデータです。

この結果からわかるのは、**ストレスそのものが悪いのではなく、自分が置かれた状況とどう向き合っているかが大切だ**という点です。

どうってことはないと思えた時点で、すでに執着を手放しています。

宇宙に比べたら、たいしたことない

私自身は、ストレスをそれほど感じません。

感じないというか、例えば何か仕事上でもやもやしても、ちょっとすれば「忘れてしまう」という感じです。

そしてこれが「くせ」になっている気もします。

もちろん生身の人間ですから、身の回りの出来事や世の中の情勢で葛藤することもあるし、やりとりをしていて何だかなあと疲れを感じることもあります。

二〇一五年に週刊誌で叩かれたときも葛藤がありました。

このときは自分のことより、むしろこれまで応援してくれた方々に「こんなことで、ご心配やご迷惑をおかけしてしまって申しわけない」という気持ちでした。

しかし自分が落ち込んだところで事態は好転しません。

落ち込めば落ち込むほど、闇に引きずり込まれる一方であり、本来の自分が持つエネルギーを発揮しづらくなります。

そこで生まれるのが、過剰なストレスです。ストレスを完全に断つことは難しく、持てば持つほど身が重くなります。身軽な生き方とは真逆です。

ではストレスと、どう付き合えばいいのか？

最も大切なのが、主観的に考えすぎないということ。

自分を「悲劇の主人公化しない」ということです。

嫌なことが起きると、相手に怒りや憎しみが湧き、まるで自分がこの世の悲劇を一身に背負っているかのように感じるものですが、逆にその状況を「客観視（俯《ふ》瞰《かん》）」できるようになれば、ストレスが過剰に生まれる状況を回避できます。

「まあでも、たいしたことないか」

そんな感じで自然に受け流すのです。

私は嫌だなあと思うような事態が起きたとき、目を閉じて宇宙から見た地球という場面をイメージします。

「宇宙に比べたら、たいしたことないな」と。

広い宇宙に比べたら、ささいなことだなあと思うようにしています。

もちろんそのイメージ法で、起きた出来事が消滅するわけじゃありません。

でもその出来事に執着する、つまり「囚われの身である自分」を解放することはできます。これが先述した「離す（放す）」ということです。

ちょっとだけ、視点をずらしてみてください。出来事に執着しないでください。

すると、これまで見えなかった（思わなかった）別の風景が見えてきます。

これが「自由度が高まった」ということです。

自由とは「縛られない」状態。

これまでの自分にも、周囲にいる他人にも、誰にも囚われない状態です。

「こうすべき、こうしかならない、こうなるはず」

そんな強固なメンタルブロックを消すことで、着実に自由度が高まります。

他人を信頼しても、期待はしない

自由になるためには、他人に妙な期待を抱かないこと。

期待はときに、自分と相手の「自由度」を狭めてしまうからです。

医療現場が民間企業（例えば営業主体の会社）と似ているのは、部門長、管理職であっても一人のプレーヤーとして現場（診療）を担当する点です。

そしてこんな風土こそ、期待感が大きく変動します。

こうしろとか、どうしてこうしないのかと、下の人間にこと細かく、うるさく指示する医師も多いのですが、私自身はよっぽど大事になるようなリスクのある状況、どう見ても間違った状況でなければ、とくにうるさく言いませんでした。

病院は部門ごとにカラー（特徴）が違いますが、中でも救急という部門は仕事の性質上、他の部門に比べて患者の「出入り」が激しい部署でもあります。

だから上がうるさく言うと、スタッフのストレスがどんどん溜まります。言うべきときは言いますが、その際も最低限の言葉で伝えなければなりません。目の前の患者をどうするか、常に時間との勝負だからです。

「みんなを信頼している、いざとなったら私が責任を取る」

スタッフにそう伝えつつ、一方で妙な期待は持たないようにしました。

どれほどの専門家であっても個人の能力には限界があります。

A氏ならこれをやれるはず、B氏はこれ以上のことをこなせるはず、そうした細かいことをいくら個人ベースで突き詰めたところで、なかなかその通りにはなりません。

ままならない。

それが人間という存在です。

将棋やチェスの駒のように、誰もが思った通りに動くわけではありません。

年配者になった自分は若い頃と比べると確実に経験値が上がっています。若い自分には対応できなかった状況も、場数を踏んだことで着実に対応できます。

しかし自分ができるからといって、若いスタッフに今の自分と同じレベルを求めるのは無茶な話です。そこを理解できなければ「どうしてできないの？」という怒声が口をついて出てしまいます。

そこには「こんなはずじゃなかった」という強い感情が存在します。

そしてこれこそ、知らず知らずのうちに自分の中に芽吹いた、強いこだわりです。

「信頼すれども期待せず」

ちょっと冷たいなと感じる方もいらっしゃると思いますが、お互いの自由度を奪わないためにも、ある程度、必要な感情なのです。

してくれなくても、それが当然

期待しないというのは「依存しない」ということでもあります。

依存しないというのは、自分と相手の関係において「心の距離」を取り、その距離を正し、相手の言動にいちいち囚われないこと。

これは気持ちの上で「搦《から》め捕られない」状態です。

私たちの人生は「距離の取り方」で左右されます。

日々の経験が学びとしてどう深まるか（深化するか）は、自分が交流する相手との距離をどう取るかで決まります。

今、個人ベースの話をしていますが、距離の取り方は、会社、町内、自治体、あるいは国家に至るまで、すべてに影響します。

すべての出来事、すべての現象、すべての関係は、距離の取り方次第です。

この、距離の取り方を学ぶことこそ、私たち人間が、この世界に何度も輪廻転生《りんねてんしょう》している理由だと言われます。

距離を取る上で、私が実践している心得があります。


「(何かを)してくれたら、ありがとう。してくれなくても、それが当然」


私自身は常にそう思っています。

期待しない、つまり依存しないということは、いかなる状況でもプラスマイナスゼロでいることかもしれません。

約束は、守ってもらえなかったら忘れる

それでも親しくなると、つい相手に期待することがあります。

「自分にとって何か良いことがあるかもしれない」

でもそんな甘い期待ほど、裏切られます。

私も経験があります。たぶん、皆さんにも経験があると思いますが、約束を破られると残念に思います。

あれだけ固く約束したのに、なぜ破るのか？

そういうこともあるかなと、笑って軽く流すことができる内容（レベル）の約束ならともかく、それが自分にとって大切な内容であればあるほど、裏切られたという負の感情が強まります。

そしてそこにあるのは、

「期待（依存）する自分」

という姿です。

すべてにおいて期待するな、というのは酷な話でしょう。

でも相手に期待してしまうことで、結果として期待通りにいかなかった、願っていたことが実現しなかったときに受けるストレスは、最初から期待しなかったときの心の状態と比べると、かなりの大きさ（ダメージ）となります。

私は約束について、こう考えるようにしています。

「（約束を）守ってもらえたら感謝、守ってもらえなかったら忘れよう」

約束を破られると怒りの感情が湧きますが、できれば「まあ、そんなもんかな」と流すこと。

いきなりは難しいかもしれませんが、まずは期待しないことから始めてください。

期待しないためには、普段から人との距離を取ることです。

このスタイルで、心がかなり身軽になります。

人は近づきすぎると、期待と依存が始まります。

相手との関係に深入りせず、近視眼的にならないこと。

時間を置いて冷静に思い返すと、なぜあのとき自分が相手にあれほどの怒りや憎しみを抱いたのか、笑いがこみ上げることも多いものです。

親近感と嫌悪感は近しいもの

意識ということについて言えば、人は目の前にいる人を、良くも悪くも意識するものです。

目の前にいない、つまり離れている人はあまり意識しません。

例えば会社の上司。

自分が部下なら仕事をする上で上司を意識しないわけにはいきません。反対に自分が上司なら、部下を意識しないことには部署が回りません。

あるいは同居する親とその息子夫婦。

嫁姑《よめしゅうとめ》という関係は古来、さまざまな問題をはらんでいますが、血のつながらない義理の親子が同居する場合、例えば嫁の側にしてみれば、どうしても夫の親に対する意識が強くなります。

そこには「嫌い」というストレートな感情もあるし、あるいは「好かれたい」という願望もあります。近くにいるから余計に意識します。

遠くの親戚より近くの他人という言葉があるように、身内だからといって常に意識するわけではなく、そこには物理的な距離が関係します。

人は、近くにいる人を意識するもの。

近いからこそ親近感を覚え、近いからこそ嫌悪感を覚えます。そして、この親近感と嫌悪感は、非常に近しい関係（表裏一体）でもあります。

こうした関係は、年月の移り変わりでどんどん変わります。

どんどん変わると寂しい、そう感じる方もいらっしゃると思いますが、私はどんどん変わっていいと思います。

それが人生です。

年月や環境の変化で周囲の顔ぶれが変わり、同時に自分自身がどう変わるのか？

これこそ、この世で体験できる醍醐味のある「学び」です。

この世に生を受けてから数十年、これまで一体、どれくらいの人と「関わり」を持ってきたのでしょうか？

想像したことがあるでしょうか？

ちょっと自分の周囲を見回してみてください。

どんな顔ぶれですか？

その中で、とくに自分の関心事や気になっているテーマを「共有」できる人はいますか？

数人、あるいは数十人という方もいるでしょう。

たった一人でも十分。

その人（たち）こそ、これから生きていく上で大切にしたい人。

そこに妙な利害関係はないはずです。

ちなみに年賀状のやめどきを、どうしようかと悩む方も多いでしょう。

年賀状だけの付き合いもあるかと思います。お互い、本当はやめたいのだけど、前回も相手が出しているからこちらも出すという悪循環です。

直接「やめましょう」と言い合えればいいのですが、そもそもコミュニケーションが消失しているせいで、それもできません。

年賀状は加齢とともに減らすのが楽だそうですが、私自身は、弟の他界を契機にやめてしまいました。

余計な私心をなくすと、自由になる

これは私が大学を卒業して、最初に勤務した病院での話です。

自家用車の事故で救急に搬送されましたが、下半身が麻痺してしまったために車いす利用となった男性の患者がいました。

その奥さんがとてもできた人で、男性がリハビリをする間、本当に甲斐甲斐《かいがい》しく看病されていました。

ところが、その男性は運動機能を回復したあたりで、急に奥さんに対してイライラするようになりました。私はそんな男性の態度を見て「どうしたのかな」と不思議に思っていましたが、そうこうするうちに退院の日を迎えました。

後で聞いた話ですが、奥さんは胃がんの末期ステージだったそうです。

当時は家族には話しても、本人告知はほとんどされない時代です。

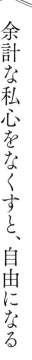

奥さんが末期であることは男性だけが知っていました。

そんな状態であるにもかかわらず、自分は事故で動けなくなってしまい、末期がんの奥さんに世話をしてもらっていた男性の心中は、穏やかではなかったに違いありません。

奥さんを看取った男性は、つらかったでしょう。

自分が健康体であれば、いろいろ世話をする時間ができたわけですから。


ただ、奥さんとしてみれば、どうだったでしょうか？

そこは勝手に想像するしかありませんが、それだけのお世話ができる人ですから、自分なりに精一杯やったという満足感があったとは考えられないでしょうか？

そもそも愛情を寄せていなければお世話などしません。

奥さんを看取った男性は、しばらくの間、かなり落ち込んでいたという話を人づてに聞きましたが、天上へと還《かえ》った奥さんは、むしろすっきり、晴れ晴れとしていたかもしれません。

なぜか？

自分の不具合を顧《かえり》みず、夫を懸命に世話する奥さんには「余計な私心」がなかったのではないかと感じるからです。

自利よりも利他、理屈抜きでご主人の世話をすることこそ自分のお役目とお考えになったのかもしれません。もしかしたら自分の命の期限が迫っていることも、何となく感じていたのかもしれません。

私心を持たなくなると、人は解き放たれます。

心の自由度が高まります。

初任地で、たいへん大切なことを教わりました。

「これは仕事」と強くわりきる

その初任地から、最終的な勤務地である東大病院に至るまで、三十数年間、さまざまな医療機関に籍を置かせていただきましたが、その間、私自身の中にはある「わりきり」がありました。

「これは仕事」

そんなわりきりです。

ストレスまみれでやめていく人が後を絶たないような勤務先もありましたが、私自身は仕事をする上でのストレスをあまり感じませんでした。

今の自分にとってこれは仕事――。

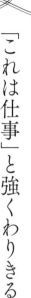

そうわりきっていたからです。

ひょっとしたら私の表現が乱暴に聞こえるかもしれません。

人命に関わる仕事に就きながら「これは仕事」なんてよく言えるものだなと、思われる方もいるでしょう。

でも、**そんなわりきった意識を持つことでストレスが溜まらないよう放出しつつ、それでも仕事である以上、目の前のことに全力で当たる。**

そんな感じでした。

もちろん心に強いストレスを抱いていると感じているときは、別です。

そういう方にはふっと心の底から「もういいや」と思うときがくるかもしれません。そのときが「やめどき」です。

そうでなければ日常で自分がやるべきことに対して「これは仕事」という強いわりきりが必要です。

無心になると、思いがけない力が出る

仕事という字は「(何か)事に仕える」と書きます。

私たちは生きている限り、何かに仕えます。

その最も大きな単位、それが「社会」です。

社会の中で、自分がどんな位置にいるのか、どんなポジションなのかを確認するには、自分がどんな仕事をしているのかを考えることが一番。

この場合の仕事とは、経営者、会社員、パート・アルバイト、さらに個人事業主といった職種に限りません。

主婦として長年、家族を支えてこられた方は、家事や育児のプロです。定年退職後、町内会やＮＧＯ（非政府組織）でボランティア活動に精を出されている方は、広い意味で社会貢献をされている方です。

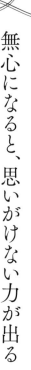

仕事は「誰かの役に立つ生き方」そのもの。

ちなみに、仕事という言葉は「集中」という言葉と相性がいいと思います。

集中とは、何かに向かって力が一つにまとまろうとする、そのエネルギーが束ねられ向かっていくことですが、私はこの言葉が好きです。

どんな仕事でも、集中することが必要です。

何かに集中していると時間を忘れますが、驚くほど作業が進展することがあります。それがどんな内容であれ、自分の集中度に気づくと嬉しくなるものです。

私が集中という言葉を好きなのは山登りをやっていたことも影響しています。

とくにロッククライミングにおいては、いったん登り始めると目の前のこと以外を考える余裕はゼロ。

そこにあるのは「無心」です。

この集中力は医療の仕事にも役立ちました。

手順に集中するためには、集中していない時間にいかに自分がエネルギーを充填《じゅうてん》するかが大切。
つまりオンとオフの切り替えです。
余計なことを考えず、「これは仕事」とわりきる。
無心になる。
すると思いがけない力が出ます。

「相対感」を使いこなす

「相対感」を使いこなすとは、一言で言えば、自分が満ち足りているときは、自分より〝上〟を見ても羨《うらや》むことなく、自分が厳しい状況のときには、自分より〝下〟を見て「自分はまだ恵まれている」と思ったり、自分の置かれている状況を〝大きな視点〟から見て「たいしたことない」と思ったりすることです。

それにより前向きな思考をしたいものです。

自分が厳しい状況のときに、自分より〝下〟を見て「自分はまだ恵まれている」と思うことは、まさに自分で自分に行う〝托鉢《たくはつ》〟の心です。自分がいよいよ切羽詰まってどうしようもないときに僧侶に施しをすることで功徳を積む、ということです。

そして、そのように厳しい状況でもまだ人さまにお布施《ふせ》ができる、ということで自分はまだ余裕があるのだ、と思えるのではないでしょうか。

また、例えば乗ろうと思っていた電車に何かの事情で乗れなかったとします。

こういうときには、「しまった」という思いがするかもしれません。「あの電車に間に合っていれば早く着けたのに」とつい思ってしまうことでしょう。

そういうときに視点を変えて、例えば山の上から、あるいは一日先から思い返したと想像してみてください。

そうすれば電車に乗れなかったことが、ごくささいなことに思えてくるのではないでしょうか。

そんな相対感ですが、いつも強くても、逆にいつも弱くても、心のバランスが取れなくなるもの。

嫉妬やコンプレックスは相対感がとても強い状態ですが、こういうときは「他人は他人、しょせん私じゃない」と相対感を手放しましょう。

だから自分の都合に合わせて「相対感を使いこなす」必要があるのです。

電車に乗り遅れたことに深い後悔の念を抱くのも考えものですが、仕事に集中しなければならないときに「どうでもいいか」と思うのも、考えものです。

自分が自分であるために、悔いなく過ごすために大切にしなければいけない場面では、自己都合で相対感を使ってやるくらいの感覚がいいと思います。

本音を受けとめてくれる人とご縁を作る

仕事についてですが、やはり「本音で仕事ができない相手」とは無理に付き合わないことが一番です。

ただ、本書を読まれている方の中には現役の会社員や経営者の方も大勢いらっしゃると思いますので、私がそう書いたところで「取引先（あるいは上司、同僚）だからしかたがないじゃないか」とか「それはきれいごと」と思われるかもしれません。

でも、これができれば快適な毎日に変わります。

つまり「余計な気遣いをしなくていい」人間関係が築けるのです。

東大には工学部の教授時代を含めて合計一七年間、お世話になりましたが、医学部附属病院へと異動し、救急・集中治療部門の立て直しのために新しい仕組みを構築していた数年間は結構たいへんでした。

どの部門に相談しても、さまざまな資料を持参して声をかけても、ほとんどの人が耳を傾けてくれませんでした。

同じ部門の仲間であるはずの看護師でさえ「あなたのやり方はどうかと思いますよ」と冷たく言われることがありました。

毎日、それこそ暖簾《のれん》に腕を押すような時間ばかりが過ぎました。


そんな四面楚歌《しめんそか》の状況下でも懲《こ》りずに続けたおかげか、次第に耳を傾けてくれる人が現れ、かつアドバイスもいただけるようになりました。

徐々に新しい仕組みの成果が出始めたおかげで院内のさまざまな部門に協力していただけるようになり、それがどんどん広がり、最終的には東大病院の緊急即応レベルをアップすることにつながったのだと思います。

三次救急診療の応需率（要求に応じられる確率）が上がったのも、協力してくれた方々のおかげだと感謝しています。

当時、一緒に頑張ってくれたすべてのスタッフには本当に頭が下がります。

私はそこで学びました。


「こちらが本音でぶつかれば、避ける人と受けとめる人がいる。避ける人とは無理にご縁を作ろうとせず、受けとめてくれる人とご縁を作ろう」


私の本音を理解してくださる方は、私に対して無用な気遣いはしません。そして私もその方に対して、変な気遣いはありません。

この関係こそ「双方よし」という心の安寧《あんねい》を生み出します。

もちろん、どんな関係であっても最低限の気遣いは必要です。

でも必要以上の気遣いをすると、それが徐々にストレスへと変わり、強いストレスがかかればかかるほど自分を追い詰めます。

過度なストレスは万病の元です。

自分が気持ちいい境界線を見つける

来る者拒まず、去る者追わず。

心優しい方は、この言葉に抵抗があるかもしれません。

しかし私自身は、これまでの人生を振り返ると「来る者もその一部を拒んでいた」気がしてなりません。

つまり私の場合は、

「来る者は人によって拒み、去る者は決して追わない」

となります。

さまざまな勤務先において、本音で仕事ができない相手と付き合いたくなかったのは、このあたりの人生観にあるかもしれません。

近寄る人は、選んで付き合う。

不遜《ふそん》な表現に聞こえるかもしれませんが、生きていく上では、こういう処世術も大切ではないかと思います。

なぜなら、これが「距離の取り方」に関係するからです。


人間関係というのは複雑です。私がここで説明するまでもありません。

自分と相手の気持ちが、いつも一致するとは限りません。

どうでもいい雑談ならまだしも、仕事や人脈や生活環境などに影響するような話となると、誰もが相手との関係に慎重にならざるを得ません。

こういうときに役立つのが、普段から自分が持っている「境界線」です。

あるいは「心の結界」とも言えます。

距離の取り方はこの境界線、つまり自分が何を尺度に人と付き合うのか、その人とは気持ちよく付き合えるのか、そうでないのか、どういう状況のときに関係を終

わらせるのか、というような基準に左右されます。

何か頼みごとをされたときも境界線が役立ちます。

時間的な境界線では、自分の現状と比べた上でそれでも頼みごとを受け入れるのかどうかがはっきりします。

性格的な境界線では、逆に時間はあるけれどもその相手と関係するのは自分にとってどうなのかがはっきりします。

お勤めをされている方なら、経済上の境界線があるはずです。

そうでない方も「(その相手と)一緒にいて楽か、楽じゃないか？」という感情的な境界線が存在します。

相手の立場やお金(資産)といった欲望を目当てに付き合っていると、自分の心にどんどん負荷がかかります。

本当は気持ちいい付き合いでも何でもないのに、必死に自分の心をごまかしているからです。

心も体も正直ですから、どこかの時点でガクンと落ち込みます。

その意味で、**自分が引く境界線は「自分を快適にする線引き」です。**

境界線は自分の思い方一つでどうにでも変えられますが、逆に一方的に（自分との）距離を詰めようとする人には、ちょっと警戒が必要です。

こういう人は対応の仕方を間違うと、ストーカーになりかねません。

ストーカーというのは、自分と相手の波長が明らかに合っていない事実に気づいていない、あるいは気づいてはいるけれど認めたくない、そんな「あきらめの悪い」人です。

妙な期待を持たせず、言葉や態度は慎重に選ぶ。

自分を守るためにも必須です。

何かを手放すと、新しく手に入る

二〇一六年『ひとりを怖れない』（小学館刊）という本を上梓《じょうし》しました。

これは私が長年、孤独な状況をむしろ好んできたという事実から生まれた本なのですが、ひとりという状況を満足度の高い時間に変えることのできる人は、先ほど述べた境界線を自分なりにしっかり持っている人です。

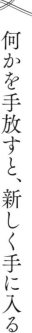

だからひとりでいても寂しくないし、そもそも自分が惨《みじ》めだとか、負けているとか、価値がないとか、つまらない相対感を持たない人です。

孤独を楽しめる人は、自分が没頭できること、好きなことを持っています。

他者とも最低限の関係を築きつつ、ひとりの時間を大いに愛せるわけですから、人生においてこれほどの理想はありません。

私の周囲でも、会社を退職した、離婚した、子育てが一段落した、そんな方々からの「ひとりの時間を楽しめるようになった」という声が増えています。

その多くが、一度は寂しい思いをされています。

例えば定年退職すると、仕事をしていたときに自分の周囲にいた顔ぶれとは関係が薄くなります。

その薄い関係もじきに消え、誰も声をかけてこなくなります。

でも、よく考えてみてください。

しょせんは仕事上でのお付き合い。家族ぐるみの関係がある人もいるかもしれませんが、大半は肩書きがなくなった時点でさようならという関係です。

だから、声がかからなくなって当然です。

それに**人間関係は、何かを手放すとまた新しく手に入るもの。**

これが「手放しの法則」です。

そもそもご縁は、結ばれるときも切れるときも、どこか決まっているような気がしませんか？　先ほどの定年退職はそういうタイミングなのでしょう。

タイミングが来ているのに手放さなければ、その人にとって新しい人間関係は手に入れられません。

握っている物を手放さないと、別の物をつかむことができないのと同じことです。

このタイミングこそ、人生の更新ではないでしょうか。

ひとりを怖れない方は、更新を上手に使いこなすことができる人であり、楽しいことを自分で作り出すことができる人です。

逆にこれができないと、いくら大勢でいても退屈かもしれません。

#「独居」を楽しむ

ひとりを楽しめるようになると、死ぬことも思いわずらわなくなるのではないでしょうか。マスメディアは、独居について二〇〇〇年頃から「孤独死」や「孤立」を取り上げ、現代社会の病理として問題化してきました。

たしかに「孤独死」は、当人の思いとは関係なく、その当人の処理だけでなく遺産問題などまわりを巻き込んださまざまな問題を生じさせます。

一方、独居をしている方々自身の気持ちは、報道のニュアンスとは違うようです。大阪府門真《かどま》市でクリニックを運営されている辻川覚志《つじかわさとし》さんという医師が書かれた『老後はひとり暮らしが幸せ』『続・老後はひとり暮らしが幸せ』（ともに水曜社刊）の中の、同地区に住む六〇歳以上の方々（四六〇人）のアンケート結果には目を見張りました。

それによると、老後もひとり暮らしをされている一四三人のほうが、家族と一緒に暮らす三〇二人よりも満足に暮らしているという結果でした（満足度について、独居男性七三％対同居男性七〇％、独居女性七三％対同居女性六八％）。

私の母も亡くなるまで独居を満喫していました。

私の周囲でも独居を楽しんでいる中高年が急速に増えています。家族との最低限のコミュニケーションを取っていたり、地域社会との接点を持ったり何らかのコミュニティに属している方々です。

このような条件を満たした方々の明るい生き方は、これからの高齢社会の光明になるのではないかと思います。やはり**考え方ひとつ、行動ひとつで前向きな社会を作っていける**ものだと思います。

メディアの報道はあくまでもある側面に光を当てたもので、必ずしも当事者の心意気を表すわけではないので鵜呑《うの》みにしないよう注意が要ります。

相手の感情に寄り添いたいのなら、相手の立場で考える。

その人に話を聞き、状況（生活環境）をチェックすれば、自ずと答えが出ます。

死を受け入れる「五段階」がある

死ぬ直前、大勢の人と一緒にいても、ひとりでいても、人間は「他人に興味（関心）がなくなる」と言われます。

私自身、病院勤務をしていた時代に、それこそ数え切れないほどの「旅立つ人」を見送りましたが、意識のある人の場合、死のちょっと前くらいから、周囲の人に無関心といった表情に変わる人が少なくありませんでした。

これは、それまで自分が暮らした現実世界に興味がなくなり、死ぬこと、つまり「肉体を手放すこと」に同意した状態です。

肉体を手放すことで初めて、人間は本当の意味で身軽になります。

私たちの本質は、肉体や心ではなく「魂（魂魄《こんぱく》）」だからです。実際に死ぬとその事実が明確にわかるそうです。

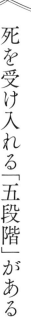

肉体というのは、この現実世界に生まれてさまざまな経験（学び）をするために必要な道具です。

その道具を手放して身軽になる、そして元いた世界にそれぞれ還っていく、それをこの世界では「寿命が来た」と呼んでいるにすぎません。

魂や死後世界の存在を理解する臨床医として世界的に名高いエリザベス・キューブラー＝ロスは、死を目前に控えた人の「受容プロセス」を自著に記しています。

それは当人が最終的に死を受け入れるまでの五段階です。

①否認（死を認めない）
②怒り（なぜ自分が死ななければならないのかという疑問）
③取引（神さまとの取引の申し出）
④抑鬱《よくうつ》（否認も取引もできない状態）
⑤受容（死を受け入れる）

このプロセスは、現実を手放す、つまり現世感を手放すというか「もっともっと」という執着を手放す手順のようなものです。もちろん実際にはこの通りでないことも少なくありません。受容プロセスの過程で「お迎え現象」を体験する人もいます。

お迎え現象とは、亡くなる寸前の方が、かつて亡くなった身内などを身近に見たり感じたりする霊的な現象です。

この現象は「脳のせん妄（意識障害で頭が混乱した状態）が見せている錯覚だ」と言い切る医師も多いようですが、本当にそうなのか、私には疑問です。

なぜなら本人だけでなく、その場にいる家族も一緒に目撃するケースがあるからです。

そんな貴重な体験について、医師が一笑に付すケースも多いことから、死の直前にある人や家族がその詳細を話したがらないケースもあります。

ひょっとしたら、このお迎え現象があることで当人の「現世手放し感」が強くなるのかもしれません。

ひとりを楽しめる人は、お迎え現象があってもなくても、旅立ちを楽しめる人だと思います。

他人への依存心が低く、覚悟が決まっているからでしょう。

私たちは誰かの人生の脇役ではない

というわけで、

「ひとり暮らしも死ぬことも、心配する必要などなし」です。

ひとり暮らしでは自分に必要な生活情報を取ればいいし、死ぬときは誰といようとひとりだろうと、現実世界そのものに興味がなくなっていきます。

この事実を知ると、むしろ心配するほうがおかしいと思いませんか？

孤独死などとことさら取り沙汰しなくても心配いりません。

心配するのではなく、むしろ毎日をもっと楽しめばいいのです。

誰しも、今の人生はたった一度きり。

今回の人生は一度きりですから、残りの人生がどう展開していくのかを私たちは知りようがありません。

だからどう考えても、どう悩んでも、心配のしようがないのです。

それでも、死ぬということに対して漠然とした不安、恐怖心をお持ちの方が多いのも事実。そこは私も理解します。

死ぬことを心配する理由は、大まかに次の三つです。

① 死ぬまでのプロセスそのものが不安
② 逝《い》った先（あの世）の状況がわからないという不安
③ 残された人々がどうなるのかという不安

死ぬまでのプロセスについてはすでに述べましたが、仮に痛みを伴っている人でも、亡くなる少し前から痛みを感じなくなるという報告が多数あります。

これはある種の脳内麻薬の影響であると論じる向きも医学界にありますが、いずれにせよ、**最終的には誰もがこの世のすべてを手放すことに同意するのです。**

逝った先の状況がわからないと心配される方もいますが、まっとうな人生を送ってきた方なら心配する必要はありません。

あっちの世界は良い世界みたいですよ、とだけ言っておきます。

ただし、これまでの人生で不道徳なこと、後ろめたいことをやってきた方については、この限りではありません（詳細はあえて書きません、悪しからず）。

そして死後の世界に関しては論理的に考えないでください。

あっちの世界はどこにあってどんな構造なのか？　そう考えたところで、私たちの世界の科学では到底、解明できないのですから。妙な屁理屈も不要です。

残された方々への心配もいりません。

彼らには彼らの人生があります。

私たちは、自分以外のすべての他者との交流を含めて学びのために生まれてきています。

たとえあなた自身が亡くなっても、残された彼らは最後まで自身の人生を全うすることでしょう。

私たちは誰かの人生の脇役ではなく、皆、自分の人生の主役なのです。

できればリビングウィル（本人の意思）を書いておくと良いでしょう。

詳細については、拙著『お別れの作法』（ダイヤモンド社刊）をご覧いただきたいのですが、治療中や死後に関する自分の希望を書き残すことで、家族も医療者サイドも本人の意思を尊重することができ、トラブルが減ります。

人が将来に不安を感じるのは、将来が見えないから。

でも、今の人生はこれが初めてですから、そもそも将来などわかりません。

年齢が上がると、先ほどの三つの理由が浮上して余計な心配が増えますが、**考えてもしかたがありませんので、悩む暇があるならもっと人生を楽しみましょう。**

動じなくなると、身軽になる

私たち日本人には「動じない精神」が本来備わっています。

言ってみれば「武士道の心得」みたいなもの。

大きな災害が起こるたびに世界中が驚嘆する日本人の道徳心、その秩序ある行動には、ちょっとやそっとでは動じない精神が強く影響しています。

おたおたしない。

騒がない。

ふらふらしない。

動じないとは、そういうことです。「腹が決まる」とも言います。

武士道を体現する言葉を、いくつか挙げてみます。

①知足《ちそく》（足りていると知る）
②必然（それ以外になりようがないと知る）
③中今《なかいま》（今この瞬間こそ真実と知る）
④無常（あらゆるものは常に変化すると知る）
⑤覚悟（迷いを断ち切ることこそ最善と知る）
⑥御陰《おかげ》（大いなる存在に守られていると知る）

こうした言葉が活字として脳へと入り、さらに腑《ふ》に落ちると、妙な不安や恐怖感が次第に消えます。自分の周囲で、あるいは世間で、さまざまな騒ぎがあっても動じなくなります。

動じなくなると、自分が身軽になったことを実感します。

なぜか？

余計なことを考えなくなるからです。

生きていると、いろんなことを考えすぎてしまいます。それが知らないうちに私たちの心に負荷をかけ、ストレスになります。

例えば、考えるたびに忘れられるような、そんな機能があればいいのですが、大半の人は考えの上に考えを積み重ねてしまった挙げ句、頭が痛くなります。

誰かがこう言っていた、どこかがこんな情報を出していた、そう耳目《じもく》に触れただけでいても立ってもいられず、どんどん脳に取り入れようとします。

動じないというのは、こういう思考回路が自分の中から消えることです。

過去や未来ではなく「今こそ真実」

先ほど「中今」という言葉をご紹介しました。

この言葉は古神道に由来する言葉ですが、まさに人生の神髄が詰まっています。

今この瞬間こそ真実、だから過去や未来ではなく「現在」を大切にすること。

中今とは、そういう思想です。非常にシンプルであり、これぞ真理と感じます。

人生は、無常です。無常は「同じことはない」という意味です。

時間は刻々と流れていきますので、二つとして同じ状況は存在しません。皆さんがついさっき本書のページをめくった時間はとうに過ぎ去りました。


「時間の中心点は、常に現在である」

この言葉は、中今と無常の関係をとてもシンプルに表現しています。過去を悔やむとか、未来に絶望するとか、本当は必要ありません。すべては自分の中で勝手に生み出された幻想です。

過去は変えられると私がこれまで申し上げてきたのも、その出来事の意味づけ（解釈）を自分で変えると、自分の過去そのものを変えることができるからです。

これができれば、その出来事を一面だけではなく、さまざまな側面から見ることができるようになります。

その結果、不安や心配が徐々に消え始めることでしょう。

近年、ハーバード大学の研究チームが提唱し、ＩＴ産業のトップらが実践して日本人のビジネスパーソンにも人気なのが、マインドフルネスという方法です。毎日、一〇分とか一五分くらい、座って目を閉じて雑念を払い、呼吸に集中するというリラックスの方法ですが、そもそもこれは瞑想、座禅をベースとして開発されました。

だから日本人は伝統的に知っているはずですが、アメリカの先端企業が社員研修に採用していると聞くと、何でも新しいと思ってしまうのでしょう。

このマインドフルネスも「今（中今）」を重視しています。

思っていることが将来の自分を作る

中今と同様に、私が好きな言葉。

それは、

「思えば実現する」


この言葉も真実です。

何ごとも、思わないと実現しません。

そこには「場のエネルギー」が関係していますが、それを詳細に説明するには紙幅が圧倒的に足りませんので、ざっくりと説明します。

「思い」というのはエネルギーです。

その思いには、さまざまなエネルギーがあります。

利他心を伴うエネルギー、エゴ（利己心、我欲）そのものであるエネルギー。

思いの対象が違うことによって、エネルギーの質も違うのです。


また思いは「波動」の側面を持ちます。

波動というのは「無数の粒子が束ねられて波となった状態」ですが、その波はうねりつつ、空間を動き回ります。

個々人から発せられた思いが集合して、この世界が作られます。

つまり、思いの通りに現実が作られるのです。

言葉が「言霊《ことだま》」と呼ばれているのは、それが強いエネルギーを持つからです。

よく「発したものが返ってくる」と言われますが、これはそういう仕組みです。

明るい思いの人が集まる場（空間）では明るい感情エネルギーが生まれ、暗い思いの人が集まる場では暗い感情エネルギーが生まれます。

だからこそ思う内容が、とても重要です。

今、あなたが思っていること。
口にしていること。
それが、将来のあなた自身を確実に作ります。
今が大切であるという中今の重要性は、そこにあります。

「歩きスマホ」は今を大切にしなくなる

五感を働かせて**今を大切にできるようになると、生きていることが嬉しくなります。**

どんなことをしていても、それが他人から見てどうでもいい、取るに足らないことだとしても、本人にしかわからない充実感を覚えます。

例えば私は朝、野菜ジュースを作って飲んでいます。

その際、いつもの野菜と違うものを試してみて、意外とおいしいときの「おっ」という喜びは経験しないとわかりません。

どうでもいいと言われるでしょうが、これも中今の楽しみ方です。

五感を働かせて今を大事にする、今の重要性を感じるためにも「歩きスマホ」はやめましょう。

デジタルデバイド（情報技術によって生じる格差）が広がっていると言われる現代において、インターネットを使いこなせば便利な生活が手に入るようになることに疑いはありません。

医療についてのさまざまな情報も、ネットの普及以前と比べるとたいへん入手しやすくなったのはご承知の通りです。

しかし歩いているときまで、スマホなど携帯端末を操作する必要はなし。

どこに出かけても歩きながらスマホをいじる人を見かけますが、彼らは空を見上げたり足下を見つめたりすることもなく、ただ端末に見入っています。

これではいつまで経っても、五感を働かせて今を大切に思えません。


今そこにある風景に見入る、今自分が置かれた状況を考える、今一緒にいる人との語らいを楽しむ——。

とくに語らいは、二つとして同じものがありません。

今という時間は、二度と戻らない、二度と手に入らないのです。

歩きスマホを手放すと、周囲に対する観察力が磨かれ、人間が本来発揮できるはずの五感を取り戻すことができることでしょう。

その結果、今という時間が自分にとって、どれだけかけがえのない時間であるかを理解し、身の回りのどんなことでも、それがどんなにささいな出来事であっても学びや喜びに変えることができます。

喜びを体験することこそ、人生の醍醐味

以前ニュースで、関西の鉄道会社にクレームを毎日入れ続けた、中高年男性の話が出ていました。七年間、毎日です。

男性は最小金額（一五〇円）の切符を買い、いわゆるキセルをして不正乗車を繰り返し、乗降する各駅で駅員に難癖をつけていたそうです。

そのエネルギーにあきれを通り越して驚かされましたが、そんな時間の使い方をして、この男性は果たして楽しかったのでしょうか？

私にはこんな毎日で、今回の人生の学びの度合いが高まるとは思えません。

時間は誰にでも一日二四時間は平等です。

もちろん使い方は人それぞれ、どう使おうと自由です。

だから、私がここで他人の時間の使い方をとやかく言う権利はありませんが、それでも一言だけ。

厳しいこと、悲しいこと、怒り狂いたいこと。

さまざまな負の感情が交錯し、まるで修羅道《しゅらどう》にしか見えないほど、ときに厳しいなあと感じるのが、この世界です。

それでも、そこかしこに「喜び」が隠れています。

喜びには大小があると言う人もいます。

でも私自身は、そこはあまり関係ないと思っています。

大きさに関係なく、喜びを見つけて体験することこそ人生の醍醐味です。

人生最高の学びです。

自分の人生もどこで終わるかわからない

「人生はどこで終わりが来るかわからない」

古来、言われ続けてきた言葉です。

長い間、救急という部門でさまざまな人生の「突然の終焉《しゅうえん》」を見てきただけに、この言葉が事実であることに私は疑いを持ちません。

「行ってらっしゃい」と見送られた五分後に、交通事故で亡くなる方もいます。

自動車や電車や飛行機や船といった乗り物関連の事故については、乗る前に自分が事故に遭《あ》うなんて意識しないと思います。

運悪く、何らかの事件に巻き込まれて命を落としてしまう方もいます。

事故や事件ばかりではありません。仕事中に突然胸が締めつけられるように苦しくなり、職場から救急搬送された病院でそのまま亡くなる方も見てきました。あるいは自宅での家事の最中に、くらくらと目眩《めまい》がしてそのまま倒れ込み、救急搬送中に心停止してしまう方もいます。こういう方の中には、もちろん戻る（蘇生する）方もいますが、搬送先での処置の甲斐なく他界される方もいます。

人生は本当に、どこで終わりを告げられるのかわからないのです。

まさに「神のみぞ知る」シナリオなのでしょう。いつもと変わらないように暮らしていると、そんな話を聞いても、どこか他人事《ひとごと》に聞こえるかもしれません。でも、他人事ではありません。自分事として、考えてください。今生きているのはあたりまえではありません。

「一日の命、万金よりも重し」

かの『徒然草』の著者、吉田兼好（兼好法師）の至言です。

先ほどの鉄道会社へのクレーマーの話に照らすと、悪口やクレームをいくら繰り返したところで、そこに人生の喜びなど一片もありません。

「どっちでもいい」と思うことも大切

まじめな人は、悩みやストレスを抱えやすい人です。

頑張らなきゃ、こうすべき、そんな純粋な姿勢が行きすぎてしまう人です。

頑張らなきゃいけないのにできない自分、すべきなのにできない自分、そんな形でダメな自分探しを始めがちです。

完璧にできなくても、別にダメでも何でもないのに、いつの間にか自分に強い追い込みをかけた結果、心にどんよりと雨雲を広げてしまうのです。

そのうち「なぜ（自分は）できないのか？」が口ぐせ化します。

そんな性格の人が「今の重要性」に目覚めると、どうなるか？


過去も未来も関係なし。

今こそが最も大切な時間、だから自分を過度に追い詰める必要なんて、そもそも

なかった――。

心からそう思えるようになると視界が開け、身軽になります。

私の周囲にも、今の重要性に目覚めた途端、心が解放されてストレスが軽減した方が大勢います。

とくに大病をする、大けがをすると、確実に今の重要性に目覚めます。

今の重要性に目覚めると、自分を大切に思えます。

この世に生まれてから死ぬまで、多様な経験で学びを得るために人生がある、その人生は、実は「今という時間の連続」だったとわかります。

すると、自分を壊してはいけないと素直に感じますので、自分を大切にし、自分に逃げ道を作ろうとします。

逃げることは恥ずかしいことじゃありません。

ある意味、逃げ道は柔軟性の表れであり、行動の選択肢を持つ証拠。

逃げ道を作れないと他者（相手）と衝突することが増え、さらに自分も追い詰めます。退路を断ってしまうわけですから、自分にも他者にも怒りが増幅し、結果として鬱になってしまうのです。

頑張れるときは逃げることなど考えず、無心で頑張る。

でも頑張れない、疲れてしまったと感じたら、その場を離れる、心からリラックスできる場（状況）に身を置く。

この切り替えが、心身のバランスには欠かせません。

そのときの言葉は「どっちでもいい」。

ストレス回避のキーワードです。

だまされたと思って、ぜひ使ってみてください。最上級の呪文です。

相手の成熟度によって言葉を選ぶ

私たちにとって、最も大切なもの。

中今と並んで考えると、そこに「道徳心」という言葉が浮かびます。

ちょっと窮屈に聞こえるかもしれませんが、これは「人の道を外れない」ということ。だから道徳教育は、正しい人格形成の場です。

もちろん生きる上で、お金や家や人脈は大切ですが、そういう要素のさらに上位にあるのが「中今と道徳心」です。

どう考えても人の道を外れているのにお金で動いてしまう、道徳心を吹き飛ばして信念を曲げてしまう人が、世の中にはいます。

自分さえ良ければいい、儲《もう》かればそれでいい。

そう考えた瞬間、その人から社会性が消えます。

社会性は「おかげさま」と「おたがいさま」の心で構成されています。

人間は社会的な生き物ですから、その人から社会性が消えると周囲が誰も助けなくなります。

「仲間ではない」と認識されるのです。

自分さえ良ければいいという人が増えると、社会の成熟度が低下し、やがて社会そのものが崩壊します。国家が破たんするときは、こういう人が蔓延《まんえん》します。

インターネットという匿名世界では罵詈雑言《ばりぞうごん》、現実世界で起こるストーカーやクレーマーによる事件、眉をひそめたくなるような状況を見ていると、日本の社会も海外の例に漏れず、成熟度が下がっている気がします。

この道徳心に関連して、大切なことがあります。

それは「人によって言葉を選ぶ」ということです。

一見すると正直さが欠けるような表現に聞こえるかもしれませんが、これが実はとても重要なことなのです。

人は、それぞれ成熟度が違います。

私が著書で「人生は限られた時間、楽しんで生きましょう」と書くと、それをポジティブに受け取ってくれる方もいれば、逆に「そもそもどうやって楽しめばいいのか？　その方法を書いてないから駄本」とネットで毒を吐く方もいます。

本はどうしても一つの書き方しかできませんが、会話はいくらでも表現を変えることができます。

だからこそ、目の前にいる相手の成熟度に合わせて話をする、相手にわかる言葉、理解しやすい言葉で説明する。

これができると相手のストレスや相手とのトラブルが減り、自分との関係性もスムーズになります。

お釈迦さまの言葉「人を見て、法を説け」は、まさに至言。

言葉選びは、気遣いです。

第2章

すこやかなからだ

そもそも健康とは何か？

健康とは何か？

この問いに対する答えは無数に存在します。だから「そもそも健康って何ですか？　どういう意味ですか？」と医師に問いかけると、返ってくる答えは千差万別でしょう。

私の答えは「本人の思い方一つ」というものです。

先天的に身体機能に障害がある、後天的な事故や病気でどこかの部位を欠損した人であっても、本人に「こうしたい」という願望がある、そして行動する上での不便さをカバーするサポート（道具、サービス）がある場合、その人は健康です。

逆に生まれながらに五体満足であるにもかかわらず、内臓面や精神面で何らかの疾患を抱え、人生に対する希望や願望が欠ける場合、その人は不健康です。

もう一つ、健康に対する私の答えがあります。

それは、「心身のバランスがいい」という状態です。


霊魂は、肉体を脱いだ状態を霊、肉体をまとっている間を魂、と呼ばれています。

ただし、霊魂は高次のエネルギーであり、三次元という低い（粗い）波動の世界で数多《あまた》の経験を積むためには、その霊魂を乗せる何らかの道具が必要です。その乗せる道具こそ、私たちの肉体です。

たとえて言うと、人は電源（生命エネルギー）を持った魂が電源コードによって、コンピューター（脳）を内蔵した着ぐるみ・乗り物（肉体）とつながり、電源が入った状態です。

ちなみに、ここで言う「電源コード」とは、我が国では古来「玉の緒」と呼ばれ、西洋では「シルバー・コード」と呼ばれます。

魂が脳（を主体とした肉体）を介して行う活動が心・精神です。

したがって、健康といった場合、魂が適切に肉体を動かしている状態としての

〝心の健康〟と、その肉体自身に不調がない〝からだの健康〟の両方があります。

なお、肉体が本来の霊以外に、他の霊が肉体に干渉してきて肉体に不具合を起こす状態を広く〝霊障〟、肉体を動かすまでになった状態を〝憑依〟といいます。

心を病むと、やがてからだに影響が出て機能的・器質的な障害を引き起こします。医療の言葉で心身症と言われるものです。また、からだに強い苦痛や行動制限などがあるとやがて心を病みます。心身の健康とは、互いに不可分なものです。


心身のバランスが崩れた、つまり健康が冒された状況への治療法は数多くあります。

西洋医療はこの方面で飛躍的な発展を遂げ、それが医療スタンダード（基準）として世界で定着しましたが、残念ながらこの医療は心身に変化が出てから対症する療法です。

一方、原因に対する手法には、人を「全人的」に見る点で共通した二つの流れがあります。

ホリスティック医療、そして統合医療です。

ホリスティック医療は「全人的医療」と呼ばれます。からだ全体を診《み》た上で、そこから最良の方法を考えるという視点です。

ホール（WHOLE）という英語は全体という意味ですが、その人の全体、つまり「ありのまま」として診る医療、それがホリスティック医療です。

統合医療は多様な医療部門の要素技術（専門技術）を連携させる治療法です。例えば、対症療法的な西洋医療に、まだ日本ではマイナーな扱いである代替医療などを組み合わせるやり方ですが、目指す方向はホリスティック医療と同じです。

この二つの流れには「医食同源」という思想があります。

病気の初期ステージはどうしても薬に頼ることが多いのですが、いつまでも薬に依存することなく、普段の食生活を抜本的に改善することで、すこやかな暮らしを実現する、不要な薬を服用せずに寛解《かんかい》を目指す、そんな思想です。

食事は「楽しむ」「感謝する」「作法を守る」

先ほど「医食同源」という言葉を挙げました。

これは古代中国の「薬食同源思想」から来ていると言われますが、食事のバランスをしっかりすることで病を防ぐ、食で治療できることを意味します。

私はいくつかの著書で「肉食をやめた」話をしてきました。

これも人それぞれで、自分がやめたからといって読者の皆さんにやめてくださいと言うつもりは全くありません。

肉食をやめたのはある日、悲しげな牛の表情がいきなり目の前に浮かんだからです。たったそれだけのことなので、ちょっと不思議に思われる方も多いのですが、その日以来、牛、豚、鶏などの動物を食べることを一切やめました。

「もういいかな」

そんな声が自分の中で起きました。

肉食をやめるとどうなりますか、何か変化が起きますかと、あちこちでさまざまな質問を受けますが、一番顕著な変化は「○○を食べなきゃいけない」という心理面でのプレッシャーが消えたこと。

牛も豚も鶏も一切食べませんので、料理をしているときも、そうだあれを入れないといけない、あれを入れたほうがいいのかな、などと考えることがありません。

要は**「食べる物で悩むストレスが消えた」ということです。**

私の食生活は野菜と果物が中心で、穀類（玄米含む）、豆腐、卵も食べます。人間はこれらの素材で十分生きていけると実感します。

ただし食事は、人それぞれ。

誰かにとってはおいしい物でも、自分にとってはおいしくない物であることは、とくに珍しくありません。

それほど違いがあるのが食の世界です。

だから私の食事の内容を押しつける気はありません。
そんな食に関してですが、忘れてはならないことがあります。

① **楽しみながら食べる**
② **感謝の気持ちを持って食べる（生産者、料理者、大いなる存在に対して）**
③ **作法を守って食べる**

以上の三つです。
気をつけたいのは、自分を追い込まないことです。

ストレスが増えると脳が過食を指示する

最後の「作法を守って食べる」を具体的に言います。

①**過食しない**
②**執着しない**
③**よく噛む**

それ以外にも「クチャクチャと音を立てて食べない」「肘《ひじ》をついて食べない」「食事中にスマホをいじらない」など、いろいろありますが、そこは家庭での躾《しつけ》や文化の違いがあるので、ここらへんでやめておきます。

一番目の「過食しない」については、やめなきゃなあと嘆息する人も少なくないでしょう。つい寝る前に食べてしまうような生活習慣も多いもの。

つい食べてしまうのは、からだが欲しているというよりも、ストレス過多となった状態だと脳が「食べるように」と要求（指示）する背景があります。

ということは？

そうです。

ストレスを減らすことができれば、過食の頻度も徐々に減るはずです。だから運動や趣味など、自分が好きなことで溜まったストレスを発散しましょう。

その結果、食事の量が減り、次第に小食（粗食）が実現します。

では小食になると、どんないいことがあるのか？

これは実体験ですが、からだが軽くなります。

オーバーな表現かもしれませんが、生きるのがとても楽です。

たくさん食べると眠くなりませんか？

そこには血糖の度合いが関係しますが、これをからだ全体のエネルギー使用という面で見るとすぐに理解できます。

私たちは、座っている、寝ている、ただそれだけで、からだ全体が生み出すエネルギーの約七割を使っていると言われます。

歩く、呼吸する、見る、考える、話す、そんな行為（運動）と同様に、食べるという行為にも多大なエネルギーが使われます。食べたら出ますが（排泄《はいせつ》）、これも運動であり、エネルギーを消費します。

たくさん食べれば食べるだけ、膵臓《すいぞう》が担保してくれるインシュリンの分泌量が増え、からだはさまざまなエネルギーを駆使してフォローしようとします。

当然、エネルギーを消費して疲労するので、眠くなります。さらに低血糖症、糖尿病というリスクも生まれます。

肉食過多、あるいは脂っこい食材をたくさん食べると胃袋が正常に消化し切れなくなり、逆流性食道炎にもつながりかねません。

食べたくなくなったら、食べなくていい

二番目の「執着しない」というのも、ストレスを減らすことにつながります。炭水化物への執着、肉への執着、スイーツへの執着——。

偏ることがいかに危ないかは、私がここで述べるまでもありません。

とくに日本人は勤勉でまじめな民族ですが、そこには二面性があって「決められたルールは厳守すべき」という思い込みも強いのです。

それが食の世界にも適用されると、ややこしいことになります。

私たちは知らないうちに「あれを食べないといけない、これもこうしないといけない」という強迫観念を、自らにすり込んでいます。

でもそんな切迫した観念は捨てればいい。

食べたくなくなったら食べなくていいのです。

ただそれだけ。そういうタイミングが来た、というだけの話です。

私は肉を食べたくなくなったのでやめましたが、炭水化物がきついなと感じたらやめてみればいいし、お酒や牛乳を飲みたくなくなったらやめてみればいい。やめてみた結果、やっぱり必要だと戻る人もいれば、そのまま不要となる人もいるでしょう。

この違いは「(自分のからだが)何を欲しているのか?」の違いです。

普通、どうしても既存の栄養学に影響され、振り回されます。中にはお金儲けを目的にメディアから発信される情報もあります。

結局、**何を食べるか、何を食べないかといった食事法も人それぞれです。**

誰かにとっては効いても(良くても)、他の誰かに効く(良い)とは限りません。

ただし、執着を減らすとストレスなく食事できるのは事実です。

食べた物でしか、からだは構成されない

食が乱れると、家庭や学校や会社が乱れ、結果として社会が乱れます。この点は、因果関係があると思います。

若い世代ほど（いや中高年世代も）、とくに手軽に取り込めるファストフードやジャンクフードを好む傾向がありますが、そのツケはからだに出ます。からだに限定されません。心までもが侵食されます。からだに取り込んではいけない毒物をわざわざお金を払って抱え込むことになるのです。

「食べた物が自分のからだを構成する」

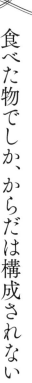

この言葉を忘れないでください。

食べ物を変えると、からだは良くも悪くもなります。

からだは正直です。

逆に言えば、食べた物でしか、からだは構成されません。

脳には視床下部《ししょうかぶ》という場所があります。

視床下部には摂食中枢と満腹中枢があり、食事をしなさいと指示するのが摂食中枢、食事をやめなさいと指示するのが満腹中枢です。

通常はこの二つが正常に機能し、食べると満腹中枢が働き、動いたり考えたりすると摂食中枢が働きますが、間食や深夜食（寝る前に食べる）をしたり、一日に四食も五食も食べたり、からだを動かさなくなると、二つの中枢機能が正常に機能しなくなります。からだのコントロールを失うのです。

するとホルモンのバランスが乱れ、ストレスとなる（感情の上下動が大きくなる）ので、より過食になります（暴飲暴食）。

身近にいつも「お腹空いた」と口にする人（若年層ではなく中高年層）、あるいは一日中、何かを間食（キャンディーや甘い物、お菓子）している人がいたら、その人は視床下部の二つの中枢機能が正常に働いていない人です。

ここで、先ほど挙げた三番目の「よく噛む」が浮上します。

過食や間食という「余計食」を防ぐためには、この方法が効果てきめんです。

多くの医師が「食事では三〇回くらい噛んでくださいね」と述べるのは、たくさん噛むと大量に唾液が出て、唾液に含まれる消化酵素（アミラーゼ）が食べ物の消化を良くするからです。

噛む回数が増えると、食事の時間が長くなりますので満腹中枢に「もうお腹一杯」と思わせる、いわば疑似効果もあります。

自分の脳を上手にだますわけですが、これが結果として粗食（小食）を実現することになり、疾患リスクを低下させます。

低糖化を目指す

糖質制限、あるいはグルテンフリー（グルテン＝小麦や大麦などに含まれるタンパク質の一種）など、最近さまざまなダイエット法が話題です。

結論から言えば、これも人それぞれ。

合う人もいれば合わない人もいます。体質は均等ではありません。

例えばご飯など炭水化物を食べるのをやめた、つまり糖質はカットした、でも以前より肉食が増えるとがんリスク（とくに大腸がん）がアップします。

私自身はこれまで述べたように、自分のルールで食生活を行なっていますが、極端に糖質を摂りすぎないよう意識するくらいです。

随分と糖質が悪者にされていますが、これは「糖化」に対する過度の恐怖感が生み出す心理でしょう。勉強不足のメディアも煽《あお》っています。

糖化はからだに取り込まれた糖とからだの大部分を構成するタンパク質が合体し、ＡＧＥ（糖化最終生成物）を生み出す現象です。

加齢促進物質とも呼ばれるＡＧＥが増えるほど、老化（劣化）スピードが上がるというわけです。

しかし糖分を全く摂取しないというのも無茶な話。野菜にも果物にも糖分は含まれますし、糖分は主要なエネルギー源です。

だから「低糖化」という方向で考えるのがベター。

その低糖化には、いくつか方法があります。

①　食べる量を減らしてみる

②　よく噛んでゆっくりと食べる

③　なるたけGI値の低い食材を食べる

ＧＩ値というのは「グリセミック・インデックス値」のこと。

これは食後の血糖吸収の度合い（スピード）を数値化したものです。

糖化のスピードは食材によって違います。

ＧＩ値の高い食材ほど血糖値が上がりやすく、ＧＩ値の低い食材ほど血糖値が上がりにくい食材です。

血糖値が高いと糖尿病のリスクが上がります。

元気一杯の人はあまり気にしなくていいかもしれませんが、血糖値がどうも気になるという方は、一度、食材ごとにＧＩ値をチェックしたらいかがでしょう。

ボロボロの血管を元に戻すのは難しい

糖質制限してダイエットし、体重が落ちたのに心筋梗塞で亡くなる方がいます。

そして今後、そういう方が増えるかもしれません。

「なぜ？」と不思議に思われる方もいるでしょう。

脂肪が激減するのに、どうして死ぬのかと。

その答えは「血管」にあります。

血管はとても繊細な存在です。

その人の長年にわたる生活習慣で血管の性質が決まります。いったんボロボロになると、元に戻すのが難しいのです。

ある意味、臓器以上に難しいでしょう。

心筋梗塞は冠動脈に関する疾患ですから、糖質制限して体重を落としてもすぐに血管の性状が改善するわけではありません。

この「血管問題」は、人生の最期までつきまといます。亡くなるときの大きな原因は血管に起因します。血管から逃げるとか、血管抜きで生きるわけにはいきません。とても大事な存在です。


では、血管をすこやかに保つためには？

先ほどから述べているように、**まずは食事を見直し、適度な運動（歩くのが一番）をしながら、ストレスを溜めないこと。**

この三つに尽きます。

地産地消を心がける

さまざまな情報が入り乱れて、食べ物に関する悩みが尽きない方が少なくないことと思います。

もし、自分の中で何かが揺れるようなときは、からだと対話してください。

「食べたいのか？　それほどでもないのか？　むしろ食べたくないのか？」

ちょくちょく、からだに聞いてみてください。他人のからだのことはわかりませんが、自分のからだのことは自分が一番知っているはずです。

先ほどの糖質問題以外にも、例えば農薬とか添加物の問題が食の世界ではよく俎《そ》上《じょう》に載せられますが、これも行きすぎるとストレスです。

あれもダメ、これもダメと除いていくと、ストレスが溜まるだけでなく、食べる物がなくなります。

農薬や添加物を一切使用しない食材だけを毎日の食卓で取り込めるのなら、それがいいに決まっています。でも価格やその販売・流通（ルート）を考えると、誰もが簡単に手にできるわけではありません。

最近はそういう食材の販売件数（販売量×販路）も徐々に増えていると聞いていますので、まず試してみてはいかがでしょうか。**何ごともバランスです。**

私が問題だなと感じるのは食べ物は言うに及ばず、肥料の多くを輸入に頼っている点。とくに窒素、リン酸、カリという肥料の三大要素は化石資源やリン鉱石、カリ鉱石などの鉱物資源を原料としており、そのすべてを輸入に依存しています。

このあたりも見直す時期に来ているのではないでしょうか。

どうしても気になるのは「どこで作られたか？」という点。

つまり「産地」です。どんな食材についても気になります。自分のからだに入る物が、どこでどのように作られた食材なのかという点については、わりといい加減な私でも注意します。地産地消という言葉はすでにご存じかと思います。

「その土地でとれた物（作られた物）をその土地で食べる」

とても重要です。

地産地消については、言いたいことがあります。

その土地を構成する要素（土壌、水、大気）で、人間をはじめ、すべての動物も植物も育ちます。つまり作物も同じ要素で育っています。

作物には生まれ育った場所のエネルギーが込められているのです。

自分が育った場所でとれた作物を摂取することは、同じエネルギーと同期（シンクロ）することであり、表現を変えると「自分が持つエネルギーと作物の持つエネルギーが共鳴する」ことにほかなりません。

地の物を食べることの重要性がここにあります。

この地産地消という言葉の根底には「身土不二《しんどふじ》」という思想があります。これは「からだと土地を分けて考えず」という思想です。身土不二が広がるきっかけを作ったのは、陸軍の軍医（薬剤監）で食養会を創設した石塚左玄《さげん》でした。

グローバル化が急速に進む状況だからこそ日本の食材（国産品）を食べようと、私はことあるごとにお話ししています。世界の流れを見ているとグローバル化は避けようがありません。

しかし**何を食べるかは、最終的に自分たちで決めることができます。**

安い。

お手軽。

口に入れれば一緒。

社会ではそんな声が増えました。

それでいいのでしょうか？

「食べた物が自分のからだを構成する」という言葉を思い出してください。

たしかにスーパーマーケットに行けば、中国産をはじめ海外産の安い食材がずらりと並んでおり、なるたけ安い食材を購入して家計をやりくりしたい人にとって、それはかなり魅力的です。でもそんな食材ばかりを摂取していると、我が国の土地のエネルギーを得られなくなります。

ぜひ国産の良い食材、自分が住んでいる地元の良質な食材を摂取してください。

日本には四季があります。季節を感じると、より食事が楽しくなります。

旬の物を食べる、地の物を食べる。食材の良さが失われない調理法で食べる。

このことを下の世代に伝えるのも、上の世代のお役目です。

国産の良い物を少しずつ食べる

地産地消にこだわると同時に、もう一つこだわりがあります。

できれば、遺伝子組み換え系は避けるということです。

遺伝子組み換えについては、これから世界中で結果が出ることになりますので、私がここで多くの有識者と同様に問題提起する必要もないでしょう。

私自身に関して言えば、遺伝子組み換え食品にできるだけ頼らないようにしています。

なぜ、頼らないのか？

自然界は「あるがまま」が最適な状態だと思うからです。

それなのになぜ、人の都合でわざわざ「いじる（操作する）」のか？

コストパフォーマンス、市場競争の問題、さまざまな背景がありますが、どんな背景にせよ、私は摂取しようとは思いません。

遺伝子組み換え種、ならびに同系統の食材の生産に熱心なのはアメリカの多国籍企業です。日本でも遺伝子組み換え種が、徐々に市場で増えています。

そのアメリカにおいても、東海岸や西海岸の大都市のインテリ層（知識人）は遺伝子組み換え食品を避け、日本食を好む傾向が強まっているそうです。

中でも豆腐はダイエット食として大人気です。


国産の良い物を摂取する際に注意したいこと。

それは「少しずつ」食べるということ。

良い物を食べましょうと言うとそればかり食べる人がいますが、これはさすがにやめたいものです。栄養バランスが偏り、逆に病気を招きかねません。

テレビ番組は「ダイエット」や「免疫力」をテーマに、さまざまな食材にクローズアップしますが、あれもチラッと横目で見る（気にする）程度で大丈夫。

そろそろメディアに振り回されるのをやめ、人としての基本に戻りましょう。

実は「食べなさすぎ」くらいのほうが、生きる上では楽なのですから。

確実にすこやかな生活を送れるし、病気に罹《かか》るリスクも低減します。からだも本当に身軽になります。

私自身も過食しないよう心がけていますが、これが習慣化されると、ちょっと食べるとすぐに満腹になりますので、地球にも優しく貢献できています。

救急医療に携わっていましたので「夜食はよく食べたでしょう?」と尋ねられることがありますが、徹夜勤務でも夕方に食べると翌朝までは食べませんでした。

夜中に食べたくないのです。習慣みたいなもので、変なタイミングで食べるとすべてのリズムが狂います。

からだは正直です。

夜遅く食べるとか、食べるにしてもそこで大量に食べるのは避けましょう。

食後に運動しませんから、食べた物が燃焼されません。

一日三食も、絶対ではない

一日三食というルールも、実は絶対ではありません。

「腹が減ったら食べる」


基本はこれです。

この基本に沿って、自分にとって食の快適スタイルを見つければいいのです。

一日三食は絶対だとか、何食がいいとか、回数にこだわる必要はありません。

朝は七時に食べ、昼は一二時に食べ、夜は一九時に食べる。

このルールで生活しろと説く医師など有識者が多数いますが、変な時間に食べないための自己防御（習慣化）として理解できる一方、お腹が減ってもいないのに時間だからと食べるのは不自然です。

誤解を恐れずに言えば、これが過食へとつながりかねません。

お勤めされている方は昼食の時間が決まっているので、お腹が減ったら食べる方式は無理だという方も多いと思いますが、それでも理想は「腹が減ったら食べる」。すぐにはできなくても、頭の隅っこに置いてください。

何となく「食べなくていいかな」と感じたら、食べなくていいと思います。

ダイエットや断食は「食べてはいけない」という信念でやるものですが、あまり無理しないでください。

食べたいなら適度に食べ、食べたくなければ食べない。

自分を追い込まず、気持ちに素直になればいいのです。

私は日により一日一食であったり一日二食であったり、あるいは三食であったりします。二食のときは、朝と夜に野菜、果物、玄米（穀類）、豆腐などが中心です。

最近は一日一食で暮らせるという方も少し増え、中には全く食べない、つまり不食（ブレサリアン）という方も出版を通じて認知され始めました。

不食の弁護士で話題の秋山佳胤《あきやまよしたね》さん（『不食という生き方』幻冬舎刊）、一カ月間の不食に挑戦した俳優の榎木《えのき》孝明《たかあき》さん（『30日間、食べることやめてみました』マキノ出版刊、南淵明宏監修）はいずれも友人ですが、まさに超人だと感じます。

これはこれで話題になっており、もちろん賛否両論が起きていますが、人間という存在が未知なる能力を秘めている証拠ではないでしょうか。

しかしこういうスタイルは、誰にでも真似できることではありません。

意識の問題が大きく左右しますので、世の中にはそんな人がいるのかという程度に、知っているだけでよいかと思います。

今日の食事が未来をつくる

若い層で肥満気味の方をよく見ますが、食生活の変化（外食中心、ファストフードやジャンクフードを好む）に伴い、内臓脂肪がどんどん増えます。

これを医療では「内臓脂肪型の肥満」と呼びます。

医師仲間で情報交換していると、よく「若年層の成人病が増えている」話を耳にします。例えば二〇代の痛風発症、あるいは三〇代の糖尿病発症など。

遺伝的なものを除けば、その背景には食生活の乱れがあります。

中高年層も同じこと。

私は「食べた物が自分のからだを構成する」と繰り返し話しますが、**若い頃からの食生活の乱れは加齢に伴い、からだの内外にはっきりと出ます。**

よく聞くのが付き合いの場で、揚げ物や焼き肉など脂っこい物とアルコールを摂取し、締めにラーメンをというパターン。

習慣化されなければまだましですが、こういう生活が続くと全身の細胞の糖化スピードが速まると同時に、内臓脂肪型の肥満を引き起こします。

そういう方に限って、どうしようもなくなり病院に来て「手っ取り早く何とかして欲しい」と要望しがちです。からだは手っ取り早く、どうにもできません。

「原因のない結果はない」

これを頭に置いてください。

肉食、ファストフード、さらにジャンクフードは、お腹が満たされそうだし魅力的に見えるかもしれませんが、摂取が増えれば増えるほど、からだが悲鳴を上げているという事実を肝に銘じてください。

今、目の前にある食べ物が、摂取後に古い細胞に取って代わり、分解されて分子レベルで取り込まれる。からだはそうして作られます。

儲かればいいというメディアの裏側を知る

先ほど、若い層で肥満気味の方をよく見かけると言いましたが、これはメディアの影響もあります。

テレビやネットには、ジャンクフードやファストフードの広告・宣伝があふれています。外食、コンビニ、さまざまな飲食物のPR、宣伝があふれています。

メディアなどと呼ばれる組織も、しょせんは民間企業です。会社を維持するためには継続的に広告を取らないとやっていけません。

しかし最近ではテレビにおいて、広告やPRがCM（コマーシャル）枠ではなく番組本体に巧妙に差し込まれているせいで、テレビ番組で流れる情報の「中立性」を多くの視聴者が疑問視するようになりました。

「結局はこれも広告だろう？」と。

こういう背景も影響し、テレビは視聴率が落ちているのでしょう。

テレビはインターネットに視聴者を「簒奪《さんだつ》」されたことで広告収入が激減し、制作費の確保が難しくなっているので焦っているという話は複数の関係者に聞いています。だからといって、なりふり構わない今の番組制作スタイルでは、視聴者の不信感は増すばかりです。

それと「大食い」番組。ごく希に存在する特殊な体質の人を競わせて食べる快楽を求める姿勢は、これから世界が向かう「微食《びしょく》」という方向に反しており、よくありません。

情報番組ではさまざまなグルメレポートをしますが、これも結局、食べる快楽を視聴者にすり込もうとする戦略。

その一方で、医師を集めて健康番組を放送し、過食や病気の恐ろしさを煽ります。まさに、マッチポンプ。自作自演です。

食べる機会、食べる量を増やせば、疾患リスクは確実に増えます。

さらに早食い競争も、からだにはよくありません。フードファイターなどという造語で煽り、楽しんではダメです。大量消費を喚起することでメディアが企業として儲かればそれでいい、番組の作り手はそのような姿勢です。

最後に、残さないことを心がけたいと思います。

残さないということについては、食品廃棄物の問題がからみます。

日本の食品廃棄物の年間総量は、事業系で約一六二四万トン、家庭系で約七四八万トン。これは農林水産省による推計です（二〇二〇年度）。

しかも「可食（食べることが可能）」と考えられる食品のロスが、約五二二万トンもあります。世界の食糧援助量全体の約一・二倍に匹敵する量です。

せっかく世界中が日本の美意識に注目してくれているのですから、食品廃棄の問題についても「なるたけ廃棄物が出ない」仕組みを作りましょう。

日本の好感度はさらに上がり、私たち自身も身軽に生活できます。

「自分は心地良いか？」と質問する

私がまだ幼い頃、母がよく口にしていた言葉があります。

「CMを打つ商品は買わない」

ちょっと極端かもしれませんが、説得力があります。

企業が支払うコマーシャル料金は、定価や売価に乗せられています。

この事実を意外と多くの人が認識していません。

コマーシャルを打たなければ売価は下がりますが、それでは大量生産・大量販売したい企業は大きな儲けにならないと考え、わざわざ広告費をかけて宣伝し、その費用（コスト）を売価に乗せて販売しているのです。

CMを一切打たない商品でも優れた商品は世の中に多数あります。

むしろ派手に広告を打たない商品のほうが、おいしかったり効果があったりするというのも実に皮肉な話ですが、そうした商品を手に入れられるのもネットのおかげです。

そこでは「メディアリテラシー」が問われます。

メディアリテラシーは「情報の真偽を見抜いて活用する能力」のこと。何かの情報に触れたら、次の三点を頭に置いてください。

①一次情報に当たる

②俯瞰的・統合的に見る

③論理的思考と直感のバランスを取って判断する

最近はフェイスブックやツイッターなどSNS(会員制交流サイト)の発達で、一般の人も多様な情報を発信できますが、これも一歩引いて見ること。

とくにネット世界では誤った情報が横行しています。

何の証拠(エビデンス)もない誤った情報をもっともらしく流す人も多く、さらに経済的な目的でその誤った情報を潰《つぶ》そうと別の誤った情報を流す人までいて、まさに玉石混淆《ぎょくせきこんこう》です。

「その情報は自分にとって心地良いか？」

「自分にとって有益な情報と言えるか？」

心に質問してみてください。

どちらにも引っかからなければ、その情報は無視しましょう。

先ほどの食の安全性に照らすと、良質で安全性の高い国産の物を摂取することが、日本人にとっても日本社会にとっても良いことだと私は考えます。

加えて政府は食の安全基準（ガイドライン）をもっとしっかり作成すること。日本の安全基準は世界でも有数の「甘い基準」と呼ばれて久しいのです。

食の安全基準をしっかりすると、悪質な外国産の食品が売れなくなりますが、彼らが「いい物を作らないとダメ」とスタンスを変えれば、やがて世界の市場から悪質な物が消えるきっかけにもなります。

最後は個人の意識と行動一つです。

安かろう、悪かろうに走らない

今後、日本は経済面でインフレになると口にする有識者もいますが、私は今のまま金融緩和を続けるなら当面、デフレが続くと考えます。

デフレが続く、つまり物価が下落するという市場傾向ですが、この状況を迎えるときに大切なのが「安かろう、悪かろう」へと走らない態度。

何も高級品だけを買おうと提案するのではありません。

世の中がデフレであろうとも、安かろう、悪かろうの結果として私たちが学んできた生活の知恵・知識を、決して忘れないということです。

私が「何でもかんでも持ちたがるのではなく、もっと身軽に生きましょう」と提唱するのは、そういうことです。

その商品やサービスは生きる上で本当に必要か？
自分にとってワクワクするものなのか？
なぜ食べたいのか？　食べた結果、からだに支障（影響）はないか？

こういう時代だからこそ、ちょっと考えてみませんか。

どんなジャンルでも「安かろう、悪かろう」という商品は丁寧に作られていません。

先ほどのメディアリテラシーは、情報を「選別する」ことでもあります。

みんなにとってどうかと考えるのは、ちょっと難しい作業かもしれませんが、これを「私にとって」と考えることはできるはず。

自分のからだは自分で守るしかありません。

良質な物を手に入れてください。

大切なことは、決して人任せにしないことです。

「そう思う」ことで身体機能は変化する

「すこやか」というテーマで考えると、人は好きなことをやっているときが一番、心もからだもすこやかだなと身をもって感じます。

私はサラリーマンをやめてから、少し時間ができたので、それまでずっと行きたいと思っていた場所に足をのばせるようになりました。

長らく登山をやっていたことも関係するのか、歩くのが大好きであると同時に、知らない街を訪問することで受ける新しい刺激はいいものです。気がつくと一日があっという間に終わっていました。

心地良い疲れとおいしい食事をいただき、床《とこ》につくとぐっすり眠れます。

何かに没頭していると、人は余計なことを考えません。

そしてこの状態が、心にもからだにも良い作用を及ぼすのでしょう。

こういう「没入状態」を作ることはある種のサイコセラピー（心理療法）です。鬱状態、精神面での落ち込みのある方への乗馬、シュノーケリングやダイビング、登山や沢登り、あるいは土いじりなどは、治療面での有効性が認められています。夢中になる、必死になる。

非日常的な経験が与える刺激には医療の世界も注目しています。

以前、雑誌の対談で万座《まんざ》温泉（群馬県吾妻《あがつま》郡嬬恋《つまごい》村）を訪れました。万座温泉は「万病に効く」という触れ込みで有名な温泉場です。福田赳夫《たけお》元総理も生前、万座温泉をよく利用し「我が郷里の誇り」と絶賛しました。

万病に効く、治ると聞くと、嘘だろうと返す人も多いでしょう。

たしかに統計をびっしりとやって調べたわけじゃありませんから、そんなわけないだろうと言う人の意見は理解できます。

しかし、「そう思う」ことで体調が変化するのも事実です。

医療ではプラセボ効果（偽薬による実証効果）でも明らかとなっています。

この温泉場に来て湯治をすれば良くなる、毎日入っていて何だか調子がいい、すこやかな気分だなと思えると、身体機能は徐々に向上します。

心とからだが、常につながっているからです。

つまり思うという行為は、エネルギーを受発信する行為なのです。

良い方向で思えば良いエネルギーを、悪い方向で思えば悪いエネルギーを、それぞれ発信し、それぞれ受け取ります。

受け取った情報で心もからだも構成されます。

この因果関係が理解できなくても、調子が良くなる、病気が治るのであれば誰も傷つかないし、誰も損しないのではないでしょうか。

祈る、手を当てることでエネルギーが伝わる

「大丈夫」と自分が思えると、実際に大丈夫なことも多いもの。

意識（思い）が変わると、からだは確実に変化します。

血流の変化がありますが、全身を巡る「気のエネルギー」も変わるのでしょう。

故・村上和雄先生（筑波大学名誉教授）との対談本（『神と見えない世界』祥伝社刊）で出た話ですが、祈るという行為もエネルギーです。

祈りは本来、宗教とは関係のない行為。

人が本能的に取る行為であり、根源的な愛、それが祈りです。

自分への愛、他者への愛。祈りは崇高《すうこう》なエネルギーです。

だからこそ、できるだけポジティブに祈る（思う）こと。

さらに「自分のことを祈って」と頼むのではなく、まず自分から他者のことを純

粋に祈ること。

何ごとも「ギブ（与える）」が先。

呼吸も文字通り吐いてから吸うものです。

思いは相手に届きますので、相手も気づかないうちにあなたに対して祈ります。するとその思いが知らないうちにあなたへと返るのです。

私たちは明確な意識化（顕在意識）だけではなく、魂レベル（潜在意識）でこういうやりとりを、それこそ毎日のように行なっています。

何を思うかが重要だという言葉には、そんな背景が隠されているのです。

祈る行為と並んで「手当て」行為も、エネルギーの伝導と関係します。

手を当てる。

これも祈りと同様、自分と相手とのエネルギー交換です。

英国やアメリカではハンドヒーリングと呼び、臨床現場で用いられています。

痛いところをさすってもらうと気持ちがいいのも、精神的に落ち着くという理由以外に相手の手からエネルギーが出ることに起因します。

さすってあげるときは、相手に対する優しい思いを手のひらに乗せるといいでしょう。

もし臨終の場に立ち会ったときは、旅立とうとしている人の手をぜひ握ってあげてください。

逝こうとする人は相手のエネルギーがわかるそうです。

そして**「ありがとう、またね」と心からの感謝を送ってください。**

運動はやりたいときにやればいい

好きなことに没入することで、すこやかになると先述しましたが、からだを適度に動かすような行為は、ぜひ無理のない範囲でやってください。

しかも少し前まで、それもある程度の時間をかけないといけないなどと言われていましたが、そんなことはなくて、例えば一日たった五分や一〇分でも大丈夫。

要はちょっとした体操、ちょっとした散歩で構わないのです。

加えて「毎日これくらい、きっちり決めてやること」と言う医師や有識者がいますが、**もし毎日の習慣づけが苦手なら無理にルール化しなくてもいいのです。**

それが原因でストレスになったら元も子もありませんから。

いったん決めたのになかなか続かない、でも続けなきゃと悩む人も多いのではないでしょうか。

ただ、それはすでに心の負荷となっていますから、さっさとやめましょう。

この手の質問をたまに受けますが、私自身は決めごとがありません。

動きたくなったら動く、歩きたければ歩く、走りたければ走る、自転車をこぎたくなったらこぐなど、一切を習慣化せず、自由にやっています。

動きたいときは動く。

動きたくなければ動かない。

私自身のルールを挙げれば「気の向くままに」かもしれません。

自宅にはバランスボールも転がっていますが、これも気が向いたらやります。

最初はバランスを保つのが難しいのですが、慣れるとからだの平衡感覚《へいこう》がピシッと整います。ころころ乗って遊んでいるうちに、からだの筋肉が均等に鍛えられますので良い運動です。

運動にあえて決めごとを作るとか、ルール化するとか、わざわざそんなことはしなくていいと思います。

それよりも「食の見直し」をすること。

こっちが先決です。

病気になってからどうしようと焦って運動するより、病気になる前に食事を整える、やりたいときに適度に運動する。

予防医療という面では、こちらのほうが重要です。

自分が何となく気持ちいい場所へ行く

「からだのすこやかさ」は、自分にとって気持ちのいい場所に行くことでさらに向上します。

私にとってはそれが神社であり、さらに大自然です。

二つには共通項があります。

欅《けやき》や、杉や松といった針葉樹など背が高くて幹の太い樹木が林立する気持ちのいい場所であり、人が自然界の一部であることを教えてくれる場所でもあり、さらに神々のおわす場所です。

本当は街中ではなく自然の中でずっと暮らすのが、人にとっても自然界にとっても理想なのでしょう。それを知っているから、人は昔から街中にも自然を意図して設けてきました。家の庭、地域の公園、あと人工森林などがそれです。

私は今でもたまに時間を作り、大自然の中に身を置くようにしています。森林の中に立って目を閉じると、ざわざわと木々の呟《つぶや》きが聞こえます。鳥のさえずり、地表の生物たちのうごめき、柔らかく、しかし強い日光が木々の間から差し込む時空間に自分もいる。

肉体を持って感じる気配とは別に、魂のバイブレーションを相互に奏でる存在に心から感謝します。

アニミズム。

これは「すべての存在に魂が宿る」という原始以来の古代思想です。

宗教がこの世に存在しなかった頃からある汎神論《はんしん》（すべての存在は神の創造物であり、それらは神性を有しているという思想）、それがアニミズムです。

長い年月、大自然と生きてきた日本人にはこの思想がすり込まれています。だから「共生」という心持ちが日本人は総じて強いのです。

聖徳太子の「和をもって貴しとなす」という至言も日本人を象徴する思想です。

民主主義の根幹である「合議」を体現しています。

ちなみにパワースポット巡りがメディアでもたまに話題となりますが、万人がパワースポットと感じる場所もそう多くありません。

人はそれぞれ、五感の働き方が違うからです。友だちが気持ちいいと言っているからどれと行ってみると、さほど何かを感じないという経験もあるでしょう。

場と人には「エネルギーの質の相性」があります。

そんなエネルギーの質ですが、時間の経過や身を置く環境で変わります。

だから以前は何も感じなかった、でも今回は気持ち良かった、パワーをもらったというケースも多いので、その場所と自分は合わないと決めつけないこと。

基本は、そのときの自分のエネルギーの質と合う場所で楽しむこと。

エネルギーの質の合う場所というのは、何となく気持ちいい、楽しいと感じる場所です。

美しい日本の四季を感じ取る

さらに自然の中だけでなく、普段、道を歩いているときなどに、できるだけ「四季を感じ取る」こと。

これで五感が鍛えられます。

街路樹、雲の形、体感温度、人の服装、山の色、月の形、日の入りと日の出、旬の食材、旬の料理。

紅葉や黄葉に彩られた木々を眺める、贅沢《ぜいたく》なひとときです。

季節ごとの違いを楽しみ、四季を体感し、感謝する。

これぞこの世界に転生した醍醐味の一つです。それをあえて体感しないというのなら、人生は楽しみが半減します。

ゲームがテレビからスマホなど携帯端末に主戦場を移してからというもの、世代を超えて多くの人が「架空世界」に囚われるようになりました。

架空世界に夢中になると、自分で何かを考えないようになります。

その世界固有のルールにはめられ、与えられたステージをクリアする満足感に夢中になり、デジタル空間が織りなす架空の問題に取り込まれます。

スマホゲームは「考えさせない」という前提でプログラムされます。

流行っているゲームを分析するとわかりますが、いわゆる**「脊髄《せきずい》反射」的なコンテンツが多く、深く考えることなくその瞬間の衝動を繰り返させる内容です。**

脳を使った思考ではないので、いくらゲームをやっても本質的な学びにはなりません。視力や肩・腕・指の筋肉を酷使するだけです。ストレートネック（頸椎《けいつい》が歪んだ状態）が増加していると聞きますが、若年性の視力低下や関節痛も増えそうです。

ゲームに夢中になった結果、どうなるか？

最も顕著なのは「周囲に無関心になる」ということ。

現実世界への興味がなくなり、何かをやろう、頑張ろうという気力がどんどんなくなります。

架空世界への執着が強ければ強いほど、季節を楽しむ気持ちも薄れます。

関心がない、感じない、やる気がない。

時間もお金もかけて、骨抜きにされることに嬉々とする。

ゲームをするなとは言いませんが、その時間を減らして四季を感じてください。

外国からの観光客は、わざわざ日本の四季を感じるために、結構なお金を払って来日しています。

日本の四季が世界でも希に見る美しさだということを、彼らは知っています。

究極の健康法、健康を気にしない

私はアンチエイジングという言葉を使いません。

講演会などでこの手の話をすると、多くの女性陣から妙な顔をされますが、エイジング（加齢現象）は人生の根幹をなす要素。

加齢は避けられないし、それをアンチとするのは生物として不自然です。

物理学の世界に「エントロピー（の法則）」という言葉があります。

ある状況に対する、秩序・無秩序の度合い（熱力学では物体や熱の混合度合い）が、この言葉で表現されます。この言葉を生物学に応用すると、生命現象においては、生まれた瞬間からずっとエントロピーが増大するということになります。

無秩序の度合い、つまりエントロピーは「年齢が上がるにつれて高まり、下がることはない」のです。

これは「(生命は)誕生したら必ず死ぬ」ということです。

だから加齢を気にすること自体、意味がありません。

拙著『見守られて生きる』(幻冬舎刊)でも自分の見解を述べましたが、私は「健康を気にしない(すこやかなのかどうかを細かくチェックしない)」ことこそ、究極の健康法(すこやかになる方法)だと思います。

すこやかという状態を意識するあまり、これをしないといけない、こうしないとダメ、そんな呪縛に囚われると、逆に病気になります。

まさにストレス過多です。そうではなく、

「スマートエイジング」

で、これからは生きましょう。

賢く加齢と付き合う。そんな意味です。

健康かどうかなんていちいち気にしない、老いを拒否しない、食も運動もほどほどに楽しむ、好きなことに没入する。

これが一番です。

感謝のエネルギーは想像を超えて作用する

そして大切なこと。

それは、**過去の自分と比べないこと。**

肉体は若いうちが華です。

でも若いうちは経験値も低いもの。

年を取ると経験値が上がりますが、逆に肉体は衰えます。肉体と経験値はトレードオフ（何かを得ると何かが犠牲になる）の関係にあるのです。

私自身、例えば五年前と比べるとからだは確実に衰えました。

でも、これが加齢の正しい進展具合だなと実感していますので、今は無理のない範囲で動いていいます。

そしてからだに感謝するだけで、疲労の回復が早いことは今も実感します。

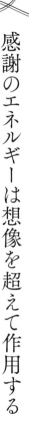

私の友人に齋藤應典《まさのり》さんという方がいます。

彼は映画やドラマの現場に欠かせない有名なスタントマンでしたが、ある日、仕事中に大事故に遭います。

その結果、脊椎を含む全身約三〇カ所を骨折、左腎臓破裂という状態となり、医師からは下半身麻痺が残ると告げられました。

絶望の淵で自暴自棄となった齋藤さんでしたが、ぴくりともしないからだへの強い怒りを、ある日を境に感謝の思いに変えます。

彼は自分のからだに向かって、こう言ったそうです。

「からださんこれまで悪かった。これからは大事にする、だから一緒に頑張って欲しい。いつもありがとう」

関係者の誰もが齋藤さんが再び歩けるようになるなど想像すらできない中、そこから不思議なほど回復を始め、齋藤さんは現在、全国を飛び回る著名なパーソナル・トレーナーとなりました。
感謝のエネルギーは私たちの想像を超えて強く作用するものです。
どんなときでも、からだに感謝。心臓の中心（イメージで結構）に感謝。
いつもありがとう、と感謝。
からだは人生の最期の瞬間まで一緒にいてくれる、かけがえのないパートナーです。

第3章

しぜんなくらし

ほどよい右肩上がりへ

先ほど、今のところ日本はデフレが続くと述べましたが、世界はほどよいインフレを維持しようと努力しています。

大規模な戦争が今後、そうは起きないのではないかという理由です。

仮に世界規模の戦争ともなれば話は別。世界の経済市場はインフレ化が進み、スタグフレーション（不況下の物価上昇）という最悪の事態もあり得ます。

でも、そうはならないでしょう。

なぜなら、経済のグローバル化が進んでいるからです。

ヒト・モノ・カネが経済合理性だけで国境を越えて移動すれば、モノやサービスの価格は下がります。

ですから、経済のグローバル化により、適度なインフレを目指すでしょう。日本企業はかつてのように、大量生産・大量消費を求めていては、グローバルな競争に負けてしまいます。

多品種小ロットで価値の高いモノを売っていかなければなりません。日本はこれから人口も減っていきますし、ＧＤＰの拡大ではなく、生産者も消費者も質を追求したいものです。

中華人民共和国産など海外からの安かろう、悪かろうという商品と価格競争をしていたら、体力勝負の消耗戦です。

インフレ論者は「人・物・金」が右肩上がりに、それこそ無限に上昇するような幻想をどこかに抱いていますが、そこが大きな間違い。

無限の右肩上がりなど、どこにも存在しません。

それにどんな創造物だろうと価値（価格）には必ずストップがかかります。

それ以上、上げてしまうと誰もついていけません（販売も消費もできなくなる）。

価値の下落にもストップがかかります。それ以上、下げてしまうことで誰もやっていけません（生産も卸売もできなくなる）。

だから適正価格と呼ばれる、市場の需給バランスによって状況に見合った価格が決められます。平常時であるにもかかわらず、価格が急激に上昇（あるいは下落）する状況は異常ですから、必ずストップがかかるのです。

デフレは価格が緩やかに下落する状況ですが、収入も相対的に減ります。企業の売上高や活動が縮小し、マーケットが縮小均衡するからです。

だからこそ先述したように、

①その商品やサービスは生きる上で本当に必要か？

②自分にとってワクワクするものなのか？

③なぜ食べたいのか？　食べた結果、からだに支障（影響）はないか？

この三つを常に頭に置いてください。そして、必要な物は購入し経済を回すという意識も大切です。

無理なく身軽になってください。

さらに物を見抜く「審美眼」を磨いてください。

怪しいぞと予感させる物は、いくら友人や家族が勧めても避けてください。

生きる上での最低限の知恵です。

良質な物は大量生産されない

少々値段が高くても、本当に必要だと思えば買うものです。

良い物は高いと言われますが、すべてが高いとまでは言えなくとも、良質な物（とくに国産品）の多くが大量生産されていません。だから値が張ります。

でも環境、健康、あるいは耐久面で最大限の気を配られています。

ペットボトルに詰められたお茶と水が同じような値段という事実について、意外と多くの方が違和感もないようですが、私には強い違和感があります。

日本のお茶はそんな値段で大量生産できるのでしょうか。そのレベルなのでしょうか。本当に良質なお茶は、ボトリングされてスーパーで大量販売されないはずです。お茶は珈琲と同じく「鮮度が命」だからです。

二〇年、三〇年と時間が経つにつれて、小売店の売り場はどんどん変化しますが、売り場の「風景」に注意を払わなくなると粗悪品にお金を払って買っている事実にさえ気づかなくなります。

だから、メディアリテラシーが重要なのです。

企業は資本の論理で動きます。

経済合理性を追求します。

経済活動は彼らの自由です。

でも彼らの自由に私たち消費者がすべて従うことはありません。私たちは奴隷ではありませんので。

最近は農業分野で、生産者がネットを使って直販を始めています。

多くの消費者が支持することでこの流れが広まると、大手の小売店に対抗できる新しい販路ができますので、支持されない商品は選択されなくなるでしょう。

食材でも生活雑貨でも、良質な物は相対的にちょっと高い物が多いのですが、これも支持者が増えれば次第に買いやすくなるでしょう。

もちろん粗悪だろうと何だろうと安ければいいという軸の人（生産者、消費者）はこの限りではありません。これまで通りでしょう。

つまり**「自分は何を選択するか？」を問われる時代となるのです。**

それと良質な国産の食材を好む人は、日本古来の伝統・芸能、美術、歴史、文化遺産、こういうジャンルも好きな人が少なくないのではないでしょうか。

伝統・芸能、美術、歴史、文化遺産などは、プライスレスです。

文化は大量生産も大量消費もできません。

日本が世界に誇る伝統的な「技」である建築をとっても、鉄骨はせいぜい五〇～六〇年しか持ちませんが木造は二〇〇年とも言われます。神社仏閣のように、メンテナンスさえしっかりすれば一〇〇〇年以上も持ちます。

個人か自治体か国家かは別にして、こういうものにお金を回す行為で「良質な物を選ぶ力」が問われるのではないでしょうか。

数字の呪縛が消えると審美眼が生まれる

街中のスーパーに行くと、惣菜コーナーでひとり暮らしや夫婦だけの世帯をターゲットにした小型の商品を見かけますが、少し規模の大きなお店に行くと、相変わらず「量」を売りにした商品が大量に陳列されています。

日本社会は、大家族主義から小家族主義へとすでに切り替わりました。

これからは一人、二人という小さな単位で生活する人が増えます。

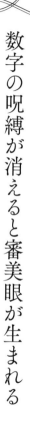

販売をする側も社会の流れを見据えて戦略を練る必要があるし、消費者もお店に乗せられていらない物をたくさん買う必要はありません。

もう量を追いかけるのは、やめましょう。

SNSと同じく、これも私たちにすり込まれた「数字の呪縛」です。

ツイッターのフォロワー数、ブログの読者数、フェイスブックの友人の数が気になるのも、数字の呪縛です。

国内外の観光地やテーマパークなどに「何度行った」と言う人がいますが、あれも数字の呪縛です。

数字が多ければ多いほど優越感を抱き、自分は他人より優れているという錯覚が生じますが、このせいで思考がどんどんかたくなります。


数字の呪縛が消えると、物を見る目が養われます。


これが「審美眼」です。

ほんの少しでも、良い物をじっくりと味わう。

すると物持ちも良くなるはず。

私の自宅の蔵書室には戦前の岩波文庫などがあります。

親から受け継いだ本ですが、いつ読んでも新鮮です。よく古本などと言いますが、読んで新鮮ならその本は自分にとって、古い本ではなくむしろ「新しい本（新刊)」だと感じます。
仕事のために本を維持しています。
それでも他界する日のために、遺言状にどうして欲しいかをしたためています。
本当にいい物は「わかる人」に使ってもらうのが一番なのです。

まずはシンプリストを目指す

数年前から「ミニマリスト」という言葉が広がっています。

簡単に言えば「物を持たない人」ですが、メディアでのブームも手伝い、ぜひミニマリストになりたいと目指す人の中には、やっぱり無理だと早々に断念する人も多いそうです。

なぜでしょうか？

物を持たないのはいいことだし、人間はエントロピー増大の法則に逆らえないので必ず死、つまり崩壊を迎えます。

あの世には何も持っていけません。

だから人がミニマリストになるのは極めて自然な流れだと思いますが、長年にわたり、染みついた垢《あか》を落とすのは一朝一夕にはいかないもの。

いきなりゴールを目指しても、みんながみんな、うまくはいきません。ゴールへ行くにはそれなりのプロセスがあるのではないでしょうか。

ミニマリストという言葉と似て非なる言葉に「シンプリスト」があります。これは「単純化する人」という意味であり、そこから派生して「生活スタイルを統一する人」とも解釈されています。

綿や麻にこだわり合成繊維を買わない、木にこだわり金属やコンクリートを使わない、モノトーンや特定の色味で空間を統一する、そんなイメージです。

つまり「テーマが違う」物を空間に混在させず、自分の好きな思想ですっきりと統一する、そんなスタイルです。ちなみに無印良品はシンプリストから最も信頼されるブランドだと聞きます。

シンプリストとミニマリストの違いを見ておきましょう。

①シンプリスト…単純化する人、生活空間上の物を統一する人

② ミニマリスト…排除する人、生活空間上の物を極小にする人

すぐにミニマリストを目指さず、まずシンプリストを目指すところから始めたらいいのではないでしょうか？

いきなり「さあ減らすぞ」と自分に突きつけると、しんどいもの。そうではなく、時間が経つと手放せる物がはっきりします。

自分の好きなテーマで統一された空間に身を置くと、心もからだもすっきりします。

風水、気学、方位学などに詳しい方なら、すっきり感、統一感がいかに良いかがおわかりでしょう。

エネルギーの流れを保ち、邪気払いとなります。

全部生かす精神、本物を知る精神

歴史的に見渡すと、日本にはシンプル、つまり「単純」があふれています。

日本を代表する仏閣である法隆寺の金堂や五重塔は「組子《くみこ》」と呼ばれる工法で造られています。

木と木を単純に組み合わせるだけで、接着剤どころか釘《くぎ》一本、使用されていません。それでも組子は強固な建築を可能にしています。

神道もシンプルです。

教祖も、ややこしい教義もありません。

神社はどんな宗教者でも受け入れます。

着物、浴衣、褌《ふんどし》、風呂敷も、シンプリズム（単純主義）の極みです。

これらは単に巻きつけている、もっと言えば「包み込んでいる」だけ。

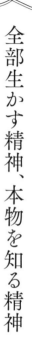

何でも包み込むという万能思想が生まれたのは、日本が縄文以来、「坩堝《るつぼ》の文化（多様な民族が溶け合う文化）」を持っているからです。

食に関しても、素材を「全部生かそう」とする精神はシンプルです。

これは「すべてに命が宿る」という古神道の精神を受け継いだ思想であり、もったいない、ありがたい（有り難い）という日本の美徳です。

全部生かそうという精神は、すなわち大切にするということ。

余計な物を買わず、本当に必要な物だけを手に入れるというミニマリストや、世界的な食の潮流である「微食」というスタイルとも一致します。

大量消費の波に乗らない。

どんどん買い換えない。

大事にする。

実にシンプルです。

どんどん捨てる「断捨離」という思想も理解できますが、本来はいらない物を買ってしまう前に「本当に必要？」と自分に問いかけることが大切です。

この問答ができるようになるとムダな消費が消え、ムダな生産も消えます。

捨てる習慣より「問いかける習慣」を身につけましょう。


母の口ぐせの一つに「中途半端な物を見るな」というのがありました。

美術でも芸能でも伝統工芸でも、本物を見ることで審美眼が磨かれ、偽物やまがい物に惑わされなくて済むのです。

開都五〇〇年の記念事業で上野公園に建設され、一九六一年にオープンした東京文化会館のこけら落としでは、その年は入場料が安くオーケストラの生演奏に何度も連れて行ってもらいました。

母は「本物とは何か？」を五感で教えたかったのでしょう。

余計な物、まがい物に目を向けない良い訓練となりました。

食べる量、使う量、買う量を減らす

捨てる、持たない、ということに関連しますが、いわゆる「ゴミ問題」も人間がコミュニティを形成し続ける限り、ずっとつきまとう問題です。

ゴミ問題は、エコ（エコロジー、生態系）をどう考えるかということ。

これに尽きます。

一人ひとりが食べる量、使う量、買う量を減らせば、地域で出るゴミの量は減ります。

大量消費しなくなれば大量生産しなくなり、社会全体のゴミが減ります。

ゴミを敵視しているのではありません。そもそもゴミと呼ばれる物だって、ちゃんと製造された品々です。最初からゴミを前提に生産されているわけじゃありません。人の都合で大量に生産され、それが消費されると食材や家庭用品などの包装品がゴミと化し、売れ残ると大半が廃棄されるので丸ごとゴミと化します。

先述したように、日本は可食ロスという問題を抱えています。

もちろんゴミの燃焼技術も進歩しているはずですが、それが追いつかないペースでゴミの量が年々増大しています。

東京都に関して言えば、中央防波堤の一部に廃棄物用の巨大な埋め立て地（廃棄物処分場）があり、そこは不燃物から可燃物まで都民が出したすべてのゴミの最終処分場なのですが、この巨大エリアもあと五〇年で埋まるそうです。

東京湾には東京都と隣県との「線引き」があります。だから東京都に許容された範囲以上のゴミを出すと線からはみ出してしまい、千葉県や神奈川県が迷惑を被《こうむ》ります。

ゴミ問題は世界的にも大きな問題です。近隣諸国が垂れ流したゴミや廃棄物を巡って国際紛争になることも珍しくなくなりました。

循環の思想を持つ

少なく出すこと。そして、**きれいに出すこと。**

私たち市民にできるゴミ問題へのアプローチは、ここにあります。

きれいに出すというのは「美意識」の問題です。

例えば袋の口はきちんと結んで、市区町村のルールに従って正しく出すという、ただそれだけのことです。私も実践しています。

ゴミは道路であれ専用の集積所であれ、人目につくところに置かれます。

自宅の外に出るからどうでもいいではなく、外に出るからこそ見た目にちょっとした気遣いがあれば、醜悪な感じがなくなります。

購買の行動や消費の行動と人の性格はリンクしていると行動分析学の専門家が話していますが、ゴミの出し方も性格とリンクしている気がします。

あと粗大ゴミですが、自治体によって有料化と無料化に分かれます。有料化する自治体としては「ゴミの減量化への市民の意識改革」というスローガンを共通して掲げています。一方、粗大ゴミの引き取りを無料化している自治体もあります。

無料化されている地域のゴミ捨て場にある粗大ゴミ、家具類や衣類などは、使いたい人が自由に持っていけばいいのです。

これはリサイクル、つまり「循環」であり、もったいない思想です。

最近は「メルカリ」というアプリも人気です。

このアプリは個人がさまざまな物を持ち寄り、個人同士で自由に売買できる、いわばフリマ・アプリ（フリーマーケット的なアプリ）です。

刻一刻と値段が変わるオークションと違い、固定された販売額で早い者勝ちという発想が若い人から中高年にまで幅広く支持されています。

自分ではいらない物でも、それを欲しい人がいる。そこが結びつく。

これもリサイクルです。

誰かの思想で自分を縛らない

ゴミ問題と並んで悩ましいのが「家の問題」でしょうか。

持つとか持たないとかいう議論はいつまでも絶えません。

持つ人が偉いとか勝ち組とか、持っていない人がダメとか負け組とか、そういうふうには全く思いません。

ナンセンスです。

持ちたいのなら購入すればいい、こだわらないのなら賃貸に住めばいい。

それだけの話です。


日本人は農耕民族だからでしょうか、土地の神話（不動産こそ財産という思想）が染みついていて、親から子へと「家を買って（建てて）あたりまえ」という教訓が、代々、繰り返されてきました。

すこやかに生きるコツ。

それは「あたりまえと思わない」こと。

身軽に生きるコツ。

それは「どこかの誰かによる思想で自分を縛らない」こと。

自分の自由度を狭めないこと。

不動産に関しても、これがあたりまえなどと考えないこと。

「マイホームを買って幸せな家庭を」

それは単なる不動産会社や住宅メーカーの販売戦略です。日本の国是《こくぜ》でも何でもなく、高度成長期から続いている民間企業の単なる宣伝です。

企業の勝手な戦略のせいで悲劇も起きています。

悪い地盤と知りながら大量の住宅を売るために地名まで変え、その挙げ句、水害で多数の人が死亡する痛ましい出来事を記憶されている人も多いでしょう。

地盤と道路の事情はよく調べないと必ず泣く人が出ます。

お金も家も、使うから意味がある

私は東大を任期満了で退官する少し前から、家探しを始めました。

それまでは一年中、大学病院内の研究棟の自室で寝泊まりしていましたが、退官ということになると、そこを出て行かざるを得ないからです。

このとき、改めて学んだことがあります。

それは、

「必要なときに巡り合う」


ということ。

もうこの言葉は、法則化してもいいかもしれません。

今住んでいる自宅は、探し始めて二軒目で巡り合いました。それも初めて見学に行ったその場で「ここにしよう」と決めました。出合ったぞ、と直感したからです。本当に良縁だと感じます。

この物件、実は長いこと買い手のつかない家でした。元は古びた賃貸アパートだったことも関係しますが、それをリニューアルしました。お金はすっかりなくなりましたが上々の空間です。

家探しをするとき、私には条件がありました。それは仕事に使う大量の本を収容する場所を確保すること。

手持ち資金はすっかり消えました。でも、それでいい。

お金はあくまでも媒介物。溜め込むことに意味はありません。

使ってこそ、お金は生きます。

不動産を投資対象（売買対象物件）と見なす人も増えました。

東京都内では二〇二〇年に開催された東京五輪に向けて、高層マンション、タワーマンションが急ピッチで建設されました。

東京の湾岸風景は一〇年前とはまるで別世界。豊洲エリアはタワーマンションの相次ぐ開発で人口大移動が起き、児童が急増したせいで今でも学校が足りません。

過疎化や限界集落化の進む地域では、とても考えられない状況です。

でも今後、デフレが続くと不動産を資産運用とする考え方は通らないでしょう。価格がどんどん下がるからです。

そもそも居住空間（その場所）を投資と見なすことに無理があります。**家を買うという行為は、あくまでも「住まう」という目的が自然じゃないでしょうか。**売買（転売）という目的は、どうにも不自然です。

私自身、先述したようにリニューアルを含めて結構なお金を使いましたが、これも住まうため。将来、手に入れた物件を売却するという目的で、わざわざ家探しをしたわけではありません。

あまりお金、お金と、欲に依存することもないのではないでしょうか。

家の始末には「家族観」も関係する

その流れで触れておきたいのが、親のいなくなった家について。

今後、急速に増えることは間違いありません。

高度成長期を境として、日本中で巨大な不動産ブームが起きました。

日本はそんな「宴《うたげ》の後始末」の時代をこれから迎えます。

若い層は家など買いません。お金もないし、巨額のローンを組んでまで持ちたがりません。家を売りたいと思っても、買いたいという欲求がない状態です。

つまり不動産業界は、需要と供給のバランスが崩れています。よって日本中で廃屋が急速に増えるし、治安上の問題も大量に発生することでしょう。

日本がこれから直面する課題です。

家の始末に関しては各自の状況が違うだけに、絶対の解決策はありません。

そこには「家族観」も関係します。

家に込められた思いの濃度は、本当に人それぞれなのです。

親兄弟が他界した私は、静岡県（富士市）に実家が残っていました。

弟が生きていれば相談もできたのですが、その弟も他界してからは、たまに家の様子を見に行く程度でした。

父が他界すると、母は荷物一つで神奈川県（相模原市）の小さなアパートに引っ越しました。これが一番楽だと、嬉しそうでした。

静岡の家については「物として残すと均等に割れないし面倒だから早いうちに処分してお金に換えればいい。そうすれば兄弟仲良くできる」と話していました。

そのときに私たち兄弟が出した結論は、将来二人で折半しようということ。

二人とも首都圏（東京と神奈川）に住んで仕事をしていたので、どちらかがすぐに実家に転居することもなくという感じでした。

その後、弟が先に他界したこともあり、良縁を得て手放しました。

無理しないとやって来る、それがご縁

不動産と同じく、人との出会いもご縁です。

「適宜《てきぎ》適会《てきかい》」


必要があれば必要な人に出会い、必要がなければ決して出会いません。

よく「なぜ私は縁がないのか」と嘆く人がいますが、これは大きな勘違い。

縁は、ある・なし、で片付けられるものではありません。

縁というのは作るものではなく、結果としてできるもの。

パーティのような人が大勢集まる場所で「とりあえず名刺を」と大量に交換したがる人がいますが、大量に名刺を集めたところで、それらはご縁とはなりません。

縁はすべての人に降りています。

それを相対的に評価する、つまり「自分と他者とを比べてそこに優劣をつけようとする」から、ややこしい感情が生まれます。

縁を比べても意味がありません。

隣の芝生は青く見えるもので、一見すると優雅に見えるような人付き合いにも、必ず気苦労があります。

私自身の縁を振り返ると、ある共通点が見えます。

それは**「無理につながろうとしなかった」**ということ。

これは学生時代からずっと、です。

一見すると友だちのいない孤独な人に見えますが、いつも自分らしくいられるのでストレスが生まれません。

ずっとそんな姿勢ですが、医療というコネ（人脈）が幅を利かせる世界で、結果としてご縁に恵まれたと感じます。

作ろうとすると、逃げる。
無理しないと、やって来る。
ご縁とはそんなものかな、と感じます。

知ることで「学び」が生まれる

知らないことを知る。

これも人生における刺激であり、ある意味ではご縁です。

政治、経済、世界情勢、歴史、伝統芸能、医療。

どんなジャンルにせよ、知るチャンスを逃さないこと。

その姿勢が、からだも心も活性化します。

でも、逃してしまうことも多いもの。

その理由は「警戒心とプライド」です。

私たちは自分が知らないことについて警戒する本能を持っています。

知らないという言葉は「認知し得ない」とか「不明」という言葉に置き換えてもいいでしょう。

知らないことは怖いこと、怪しいこと、だから近寄らないに限るという防御本能が発動します。

でも情報社会の発展で、自分が知らないことの多さに人は驚きます。

そして知識を吸収し、教養を身につけ、改めて存在を知った本などを読み込むうちに、知らないことの恥ずかしさや己の狭量さを知ります。

これがソクラテスの言うところの「無知の知」です。


もう一つの壁、それがプライドです。

本当は自分が知らないことに内心気づいていても、素直に「知らないのですよ」と言えない虚栄心、自尊心。この言葉が出ないと知るチャンスは訪れません。

知らないというのは「自分の脳内にデータが存在しない」状態です。

データとは、知識、経験知、情報、そんなイメージです。

だったらデータを入れればいいだけ。

治療でも、たった一つの方法しか知らずに他の治療法に関する情報を自分で遮断していると、いつまで経っても回復の可能性が高まりません。

料理だって素材の生かし方はさまざまです。

人付き合いも同じこと。

今は付き合いがなくなった人が唯一の友人だったなら、人生は何とも味気ないもの。世界には約八〇億人を超える人がいます。

それに**どんなことであれ、知ることで「学び」が生まれます。**

他人から見てくだらないと思えるようなことでも、人はそこで学ぶものです。

私は最近、ドラマをほんの少しだけ観るようになりました。

東大病院を退官するまでは全くと言っていいほど観ませんでした。

医療系のドラマは今も観ませんが、警察系のドラマにはよくできているなと感心する部分があります。人の機微、心に秘められた感情の動きを想像する訓練になると同時に、客観性を保つ訓練にもなります。

これは私にとっての「知らないことを知る」です。

常識とはその時代の「思い込み」

未婚、非婚という生き方を選ぶ人も増えています。

そこには個人的な感情だけでなく、経済格差も影響します。

合コンや出会いの場に対して政府や自治体が補助金をつけて、一部の政策で働きかけていますが、未婚や非婚を希望する若い層は減らないでしょう。

常識が変化したように思います。


結婚は好きな者同士が恋愛を経て一緒になり、社会人として正式に認知されるための通過ステージという常識は、今やあたりまえではありません。

バブル経済の崩壊後に生まれた若い層から見れば、結婚は恋愛の末に行き着くステージという視点だけでなく、コスパ（コストパフォーマンス）に見合うかどうかという視点でチェックされると聞きます。

コスパに見合わなければしなくていい、そう考える人が増えてきたようです。

社会の変化と並行して、心理面での変化を見ずして、若い層の考え方や生活行動を一方的に批判するから、世代間で埋めがたい対立が生じるのです。

私たちがあたりまえだと思うルール、規範、知識において、その時代の多数が共通して合意しているもの、それが常識です。

でもそれは、その時代固有の「思い込み」と言ってもいいでしょう。


常識は神さまからの伝言ではありません。

人間がその時代ごとに勝手に作っているものですから、どんどん変わります。

時間を追うごとに社会の形が変わるので、常識も変わるのです。

そんな常識の変化は「評判の変化」に似ています。

評判というのは実にころころ変わります。

人の心は移ろいやすく、毎日変わりますので評判ほど当てにならないものもありません。

昨日の評判は明日には古くなります。

何かについて「これが常識」と強く言われても、「そうですか」くらいに軽く受け流すことです。

常識に縛られて心が重くならないでください。

疲れる、面倒くさいと言う人は老化も早い

「車がないとダメ、無理」

そう思っていらっしゃる方がいるなら、その方にちょっとだけ、聞いていただきたいことがあります。

私は自家用車を持たず、近くなら徒歩か自転車で移動します。

これが一番、気持ちいいからです。

しかし徒歩や自転車を嫌う人は「疲れる、面倒くさい」と言います。

疲れる、面倒くさい。

こういう気持ちが強いとからだが衰える、つまり老化も早いのです。

自動車はからだ全体の筋肉を使いません。

運動にもなりません。

つまり、からだを鍛えることにはならないのです。

時間を短縮する乗り物ですが、事故の比率が上がります。

最近は高齢ドライバーによる死傷事故が目につきます。その延長で免許証の返上問題が議論され始めました。

人間は「動物」です。

この事実を、いつから私たちは忘れてしまったのでしょうか?

動物ですから、認知力も低下するし、感情面でも変化します。そしてその変化は確実に運転へと現れます。事故はこうして起きます。

からだが衰えるのが早いのは、疲れる、面倒くさいと感じる人です。

疲れること、面倒くさいことを苦もなくできれば、衰えを感じないことでしょう。

道路は誰もが安心して使えるレベルではない

歩くよりも車に乗りたがる人が多いことには、別の問題も潜んでいるかもしれません。

それは、「道路の作り方（作られ方）」です。

非難を承知で言いますが、日本の道路の作り方が車優先なため、さまざまな問題が発生しているのに、いつまで経ってもクリアできないのです。

今では「都心の大動脈」と称される首都高速道路が、一九五〇年代後半から一九六四年の東京五輪にかけて、そして以降、急ピッチで整備されたことは有名です。

高度成長に伴うモータリゼーションの波が押し寄せたことで、ときの政府は高速道路の建設、さらに全国の環状線の整備を余儀なくされました。

それだけでなく、いわゆる交通インフラ（道路、鉄道、空港、港湾）の大規模な整備に、高度成長期からバブル経済期にかけて取り組みました。

これが今に至る「公共事業」の要です。

中でも道路事業は中核です。でも、その作り方（補修・改修の仕方）はと問われると、疑問が多々あると答えざるを得ません。

社会全体を、ちょっと見回してみましょう。

近所の道路は車だけが走っていますか？

そんなことはないはずです。

歩行者もいるし、自転車もいるし、スクーターやバイクもいます。

歩行者には、子ども、若い人、中高年、ベビーカーを押すお母さん、杖をつく高齢者、車いすの方までいます。自転車もママチャリからスポーツタイプまでありま す。

彼らは皆、安心して道路を使えているでしょうか？

そんなわけありません。実は「怖い」と感じている人が少なくないはずです。

経済効率ばかり重視すると奇妙なことになる

なぜ怖いのか？

それは「多様な利用者の共通利益」を前提とした設計が存在せず、ただ日本中に自動車を走らせるために道路が敷設されているからです。

ではなぜ自動車を優先する道路を作ったのか？

それは「国の経済効率」を優先したからです。

人や物や資材などを乗せた車が、とにかくどこまでも走りやすいようにと急ピッチで作った、それが日本の道路です。

自動車がたくさん走れば走るほど、国が成長すると考えたのでしょう。

そのために国庫から長年、莫大なお金が出ていますが、生活者の目線に立っていませんので、いつまで経っても使いづらくて怖いのです。

道路ほど、多様性を前提として計画されるべきインフラはありません。古代ローマの例を出すまでもなく、道の計画には国家の成熟度が出ます。

① 自動車スペース
② 駐停車スペース
③ 自転車スペース
④ 歩行者スペース

現在なら最低でもこの四つを満たさないと、状況は改善されません。自動車、自転車を運転する人も、お互い怖い思いをしています。専用レーンもない状況で自転車が自動車と並行して走る。私も自転車乗りなのでわかりますが、自分が走っているすぐ脇を大型トラックが走ると風圧でヒヤッとすることがあります。たとえ自転車専用レーンがあったとしても、そこに自動車が堂々と駐停車していることもあります。

もっと深刻なのは歩行者が通行する道でしょう。

人が歩くための十分なスペースが確保されていない道路が多く、中にはガードレールや歩道柵（横断防止柵）さえなく、自動車用の道路と同じ道の端っこに申しわけ程度の細い線（路側帯）が一本引いてあるだけの道路があちこちに存在します。その線さえ引いていない道も多いのです。

いわゆる「自歩道（自転車と歩行者の道）」があるのも奇妙な話です。

歩道をビュンビュン走る自転車にヒヤッとした経験、ありませんか？　なぜ歩行者の自分が避けなければいけないのかと疑問に思います。高齢者、あるいは小さなお子さんの手を引くお母さんたちは常に警戒しなければなりません。

自転車も凶器になります。ですが自動車道には専用線すら引かれていない状況も多く、自転車もどうしていいかわからないのです。

日本の道路はそんな混沌《こんとん》とした状況です。そして歩行者を巻き込んだ事故が起きるたび、胸が痛みます。

歩くだけでホルモンバランスが良くなる

道路の改善は必要です。これは行政がすぐに取り組むべき仕事。

それとは別に、私たちはもっと歩きましょう。

モータリゼーションが発展して車に乗るようになった半面、歩かなくなりました。

時間を短縮する、長い距離をわざわざ歩かなくていい、そんな便利さは手に入れましたが、歩かなくなったせいで現代人は歩行力が確実にダウンしました。

歩かなくなると病気のリスクも増えます。

からだを使わなくなるから当然です。

歩くという行為は、全身の筋肉と骨を使います。

運動エネルギーを駆使しますので心肺機能が高まり、血液やリンパ液など体液の循環効率が向上し、ホルモンのバランスも良くなります。

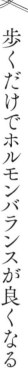

歩くだけで、私たちは快適なからだを手に入れることができるのです。

その際には、ぜひ「歩く姿勢」にも注意を払ってください。


背筋は丸めずに伸ばし、からだはまっすぐ、腰を立てて歩く。


すこやかな歩き方の基本です。

昔はそういうことを上の世代からうるさく言われましたが、最近は中高年が若い人に気を遣いすぎて言わなくなりました。嫌われるのが嫌なのでしょうか。

でも歩く姿勢は、とても大切です。

足に合わないハイヒールでの歩行や、首を前に落として歩く〝歩きスマホ〟なども注意したいものです。

もっと、普通に歩きましょう。

寿命も余命も、気にしない

健康ついでにお話ししておきますが、寿命も余命も気にしないこと。

平均寿命に代わって「健康寿命」なる言葉がメディアに登場し始めていますが、これも気にしないことです。ちなみに健康寿命とは、とくに健康上の問題がない状態で日常生活を送れる期間を指します。

何でもそうですが、気にするとろくなことはありません。

とくに寿命とか余命がそうです。

そもそも何年生きたかで、人生の価値は決まりません。

長さではなく、中身が大事です。


「一日一生」

この言葉を頭に置きましょう。

毎日毎日、その日一日を人生と見立てて生きましょう。


病院にも依存しないこと。


もちろん具合が悪ければかかりつけ医に診てもらえばいいですが、ちょっと風邪気味なくらいなら、しっかり食べてしっかり寝ていれば治ります。

風邪くらいで薬を飲むのはお勧めしません。

そもそも風邪薬と称する市販薬は対処療法です。

月並ですが不摂生な生活は体内リズムを壊し、ひいては免疫力が低下します。

朝日をしっかり浴びて起きると、体内時計がきっちりセットされ、メラトニンというホルモンが産生されます。

メラトニンは、良い睡眠を促し、免疫力を向上させ、コレステロールを低下させて、抗酸化作用をからだにもたらします。

日々の「予防」から始める

車がないとダメ。

自動車で移動してあたりまえ。

歩くのは嫌。

自転車は面倒くさい。

これからは、このような思いを捨てませんか。

医療の世界には「予防医学（予防医療）」というものがあります。

これは、病気に罹ってからどうするかではなく**「罹る前に（罹らないために）どうするのか？」ということを考え、実践する方法です。**

最近はどの学会でも、この考え方が中心となりました。

そして実は、ちゃんとした生活を心がけていれば、そんなことを意識しなくても、ある程度の予防にはなっているのです。


歩けるうちは、もっと歩いてください。

最近はスニーカーも進化しています。軽くて履きやすく、機能性も抜群です。ヒールの高い靴を履いている女性も、ウォーキングシューズを履いてみてください。足全体の健康は、からだ全体に影響することを実感するはずです。

もっと徒歩を増やしてください。

自動車ではなく、もっと自転車に乗ってみてください。

風を感じてください。からだ全体を稼働させましょう。

「自転車がどうしてもちょっと……」、そうおっしゃる方には、電動アシスト付きの自転車をお勧めします。

電動アシスト付きの自転車は良い値段がするし、こぐ力は普通の自転車に比べると小さくなりますが、自動車に乗り続けるより遥《はる》かにましです。

生きている実感をからだ全体で感じると、今の大切さを実感できます。

おわりに――私たちは生かされている存在

たとえは悪いのですが、からだを維持することは「蟻《あり》地獄」に似ています。しっかりと前に進まないと、そこにとどまることさえできず、ずるずる後ろ（下）へと落ちます。

前に進む、つまり常にからだを動かし、鍛えていなければ、ずるずると衰え、さまざまな病気になりやすくなるのです。

読者の皆さんの多くが望んでいる死に方は「ピンピンころり」でしょう。長いこと寝たきりになる状態を望む人などいません。

でも、と考えます。

ピンピンころりと旅立つためには、まずピンピンしていないといけません。

普段から元気でないといけません。

そのためには、もっとからだを動かすこと。

「疲れる、面倒くさい」

そう考え、楽なほうへと流されないでください。

また、からだは「借り物」という事実をお忘れなく。

私たちのからだは、なるたけ傷をつけずに、他界するその日に天へとお返ししなければなりません。

その意識がなければ、からだへの感謝の念も生まれません。


すこやかに生きる。

身軽に、無理なく生きる。

ゴミの問題を本文で述べましたが、私たちはもっと「環境面ではどうか？」という視点で、自分の生活習慣や行動をチェックしましょう。

道路の問題も、時間があるときに少し考えてみてください。

一人ひとりの意識が変われば、社会全体の意識は変わります。

環境への負荷の低減と、安全性。

二つは必ず実現できます。

行政側にも、そろそろ経済効率一辺倒の考え方をやめ、もっと当事者意識を持ち、これからの社会のニーズに沿ったインフラ整備を期待します。待ったなしです。

私たちは皆、地球に住まわせていただいています。

「お天道さまに、生かされている」

この事実を、いつも忘れたくないものです。

矢作直樹

謝辞

最後になりましたが、この本を出版するにあたり、せちひろし事務所の瀬知洋司さん、友人の赤尾由美さんにたいへんお世話になりました。
ここに深謝いたします。

本書は、海竜社より刊行された『身軽に生きる』を文庫化にあたり改題したものです。

矢作直樹（やはぎ・なおき）
東京大学名誉教授。医師。１９８１年、金沢大学医学部卒業。１９８２年、富山医科薬科大学の助手となり、83年、国立循環器病研究センターのレジデントとなる。同センターの外科系集中治療科医師、医長を経て、99年より東京大学大学院新領域創成科学研究科環境学専攻および工学部精密機械工学科教授。２００１年より東京大学大学院医学系研究科救急医学分野教授および医学部附属病院救急部・集中治療部部長となり、２０１６年3月に任期満了退官。株式会社矢作直樹事務所を開業。
著書に、『悩まない生き方』（三笠書房《知的生きかた文庫》）、『人は死なない』（バジリコ）、『おかげさまで生きる』（幻冬舎）、『お別れの作法』（ダイヤモンド社）、『自分を休ませる練習』『自分を好きになる練習』（以上、文響社）など、多数。

知的生きかた文庫

身軽《みがる》に生《い》きるコツ

著者　矢作直樹《やはぎなおき》
発行者　押鐘太陽
発行所　株式会社三笠書房
〒一〇二-〇〇七二　東京都千代田区飯田橋三-三-一
電話〇三-五二二六-五七三四〈営業部〉
〇三-五二二六-五七三一〈編集部〉
https://www.mikasashobo.co.jp
印刷　誠宏印刷
製本　若林製本工場

ISBN978-4-8379-8794-9 C0130

C50449